contents

romanian
dennis deletant and
yvonne alexandrescu

For over 60 years, more than
50 million people have learnt over
750 subjects the **teach yourself**
way, with impressive results.

be where you want to be
with **teach yourself**

The publisher has used its best endeavours to ensure that the URLs for external websites referred to in this book are correct and active at the time of going to press. However, the publisher and the author have no responsibility for the websites and can make no guarantee that a site will remain live or that the content will remain relevant, decent or appropriate.

For UK order enquiries: please contact Bookpoint Ltd, 130 Milton Park, Abingdon, Oxon, OX14 4SB. Telephone: +44 (0) 1235 827720. Fax: +44 (0) 1235 400454. Lines are open 09.00–17.00, Monday to Saturday, with a 24-hour message answering service. Details about our titles and how to order are available at www.teachyourself.co.uk

For USA order enquiries: please contact McGraw-Hill Customer Services, PO Box 545, Blacklick, OH 43004-0545, USA. Telephone: 1-800-722-4726. Fax: 1-614-755-5645.

For Canada order enquiries: please contact McGraw-Hill Ryerson Ltd, 300 Water St, Whitby, Ontario, L1N 9B6, Canada. Telephone: 905 430 5000. Fax: 905 430 5020.

Long renowned as the authoritative source for self-guided learning – with more than 50 million copies sold worldwide – the **teach yourself** series includes over 500 titles in the fields of languages, crafts, hobbies, business, computing and education.

British Library Cataloguing in Publication Data: a catalogue record for this title is available from the British Library.

Library of Congress Catalog Card Number: on file.

First published in UK 1992 by Hodder Education, 338 Euston Road, London, NW1 3BH.

First published in US 1993 by The McGraw-Hill Companies, Inc.

This edition published 2003.

The **teach yourself** name is a registered trade mark of Hodder Headline.

Typeset by Transet Ltd., Coventry, England.
Printed in Great Britain for Hodder Education, a division of Hodder Headline, an Hachette Livre UK Company, 338 Euston Road, London, NW1 3BH, by Cox & Wyman Ltd, Reading, Berkshire.

Hachette's policy is to use papers that are natural, renewable and recyclable products and made from wood grown in sustainable forests. The logging and manufacturing processes are expected to conform to the environmental regulations of the country of origin.

Impression number   15 14 13
Year   2010 2009 2008 2007

introduction

This course is for those with no previous knowledge of Romanian. It has been designed for self-tuition, but may also be used for study with a teacher.

Romanian, because of its Latin origin and the fact that it has borrowed words from other Romance languages, will be recognizable to anyone who knows French or Italian. In working through this course you will find many familiar words, especially those conveying more abstract concepts, some identical in spelling with similar words used in English. This makes it relatively easy to read texts in Romanian of a non-literary nature, in particular, newspapers.

The course introduces both colloquial and written forms of Romanian. The emphasis is on learning to use Romanian in a variety of situations and each of the 20 units has been structured to this end, as you will see from the *list* at the beginning of each one. No knowledge of grammatical terminology is presupposed; each term is defined as it is introduced although we have also added the traditional grammatical terms for those familiar with them. It is these latter terms that we have sometimes used in the index for ease of reference where there is no straightforward alternative.

One point of comfort. Romanians are extremely tolerant of those who make the effort to learn their language; do not, therefore, be over-cautious about using the language for fear of making grammatical errors. Romanians themselves occasionally slip up and for that reason are sympathetic to the difficulties faced by non-Romanians.

Most of the 2,000 words introduced in the course are those frequently used in daily conversational situations. Many of the vocabulary items are listed in the **Romanian–English** and

English–Romanian Vocabulary at the end of the book. Each unit contains its own word-list of items introduced and is more explicit about the relevant grammatical forms.

How to use this course

Each unit contains a *list* with its contents. It will outline which tasks are presented and which situations you will be linguistically able to cope with. The unit opens with Key words which will enable you to understand the words introduced in the Grammar section and the dialogue. Pay careful attention to the Key words, learning them in the ways suggested in Unit 1.

Grammar and pronunciation

Following the Key words in the initial units there are useful tips about pronunciation and grammar. In later units, this section gradually introduces the structures of Romanian. This will help you to understand how the language works. Such an understanding will give you the ability to use the language effectively. Mastering Romanian grammar is difficult but this section attempts to make it more accessible by providing simple explanations illustrated by numerous examples. The points raised in the Grammar section are exemplified in the dialogue and Exercises.

Dialogue

The dialogue should be read in conjunction with the Key words. Make a detailed study of it, noting all the new vocabulary and language forms. The first question of the Exercises always refers to the dialogue and is designed to test your understanding of it. The answers are to be found at the back of the book on page 219.

A good tip for familiarizing yourself with the conversational gambits in the dialogue is to read it aloud. Memorizing it will also assist you in your own use of the language in relevant situations.

Remember that understanding Romanian will not by itself enable you to create Romanian fluently and accurately. Much practice is needed before you can make the leap from recognition to creation.

Exercises

Since this is a self-instruction course, a key is provided to all the Exercises. This is to be found in the Key to the exercises starting on page 219.

The nature of the course requires you to complete the exercises in writing, but you can also do some of them orally in order to develop your spoken expertise. As you would expect, the exercises are dominated by tests on the vocabulary and structures introduced in the latest unit. There are three Revision units (6, 13, 20) which cover material from all preceding units. You should regard your progress with 6 and 13 as a sign as to whether you should go on to the following units. There is a great deal of grammatical material introduced in Units 7 to 12 and you should not attempt these before you have familiarized yourself with the first five units.

A few words about the recording

Although this course-book is designed to be self-contained, you will find it extremely useful to work with the recording produced to accompany the course. The native speaker recordings will help you to recognize and understand spoken Romanian and to reproduce pronunciation, intonation and stress that will make you intelligible to Romanian speakers. The recording contains the dialogues and some of the Key words from the first seven units. In addition, it includes some of the exercises from the book. All the answers are at the back of the book in the Key to the exercises.

Listen to the dialogue several times, paying particular care to the pronunciation and stress. See how much of the dialogue you can understand without consulting the text.

Copying out the dialogue is a useful way of checking your comprehension of it against the text.

Pronunciation

You will find a guide to pronunciation in Unit 1, on pages 10–12.

Symbols

▶ This indicates that the recording is needed for the following section.

ℹ This section contains information on Romanian culture, history and everyday life and introduces extra vocabulary.

01

hello

bună ziua

In this unit you will learn
- to say *hello* and *goodbye*
- to say *thank you*
- to exchange greetings
- to ask people to speak more slowly
- how to pronounce Romanian sounds

Before you start

Read the introduction to the course starting on page 1. This gives some useful advice on studying by yourself and how to make the most of the course.

As you probably know, people learn in different ways: some need to know rules for everything, others like to feel their way intuitively. In this unit you'll be given the opportunity to find out what works best for you.

Make sure you've got your cassette recorder next to you as you'll need to listen to Key words and the section on Romanian sounds. If you don't have the recording use the section on Romanian sounds on pages 10–12 to help with pronunciation.

Exercise

Can you think of any Romanian word you know such as the words for *hello* and *thank you*? Say them aloud and look at the Key words section below to check the answers.

▶ Key words and phrases

Before you listen to the recording, look back at the section **A few words about the recording** on page 3 to find out how to listen to the Key words and dialogues.

bună ziua	*good afternoon, hello*
bună dimineața	*good morning*
bună seara	*good evening (after 6 p.m.)*
noapte bună	*good night (when going to bed)*
la revedere	*goodbye*
da, mulțumesc	*yes, please*
nu, mulțumesc	*no thank you*
vă rog	*please*
Poftim?	*Sorry? (when you want something repeated)*
poftim	*here you are*
scuzați	*sorry (to apologize)*
Vorbiți englezește doamnă/ domnule/ domnișoară?	*Do you speak English, Madam/Sir/Miss?*
Vorbiți românește doamnă/ domnule/domnișoară?	*Do you speak Romanian, Madam/Sir/Miss?*
Vorbiți mai rar, vă rog.	*Speak more slowly, please.*

bine	*OK/well*
foarte bine	*very well*
Ce mai faceți?	*How are you?*
bine, mulțumesc	*well, thank you*
Dar dumneavoastră?	*And you?*
așa și așa	*so so*

There are several ways of learning vocabulary. Find out the way that works best for you. Here are a few suggestions.

a   Say the words aloud as you read them.
b   Write the words over and over again.
c   Listen to the recording several times.
d   Study the list from beginning to end then backwards.
d   Associate the Romanian words with similar sounding words in English.
f   Associate the words with pictures or situations (e.g. **bună ziua, bună seara** with shaking hands).

Grammar and pronunciation

1 Silent *i*

As a general rule don't pronounce **i** at the end of a word i.e. vorbiți, scuzați, faceți.

▶ 2 Simple questions

The simplest way of asking something in Romanian is to raise the tone of your voice on the last syllable of the sentence: **vorbiți englezește?** ↑ or **poftim?** ↑

3 'No, thank you'

If you want to refuse something in Romanian you say **nu, mulțumesc.**

▶ Dialogue

Domnul Porter   Bună ziua, Doamnă Enescu.
Doamna Enescu   Bună ziua, Domnule Porter.
Domnul Porter   Ce mai faceți?

Doamna Enescu	Bine, mulțumesc. Dar dumneavoastră?
Domnul Porter	Foarte bine.
Doamna Enescu	Vorbiți bine românește!
Domnul Porter	Poftim? Mai rar, vă rog.
Doamna Enescu	Scuzați. Vorbiți bine românește!
Domnul Porter	Așa și așa.

Try to learn the dialogue by heart by repeating it several times.

i Greeting Romanians and attracting attention

In Romania people shake hands with friends and acquaintances every time they meet each other or say goodbye. It is customary for a man to kiss the hand of a lady when he is introduced to her.

If you want to attract a waiter's attention to order a drink or snack you should raise your hand in his direction and say, **vă rog, domnul**.

Exercises

1 How would you greet:
   a   Mr Porter, in the morning?
   b   Mrs Enescu, in the afternoon?
   c   Miss Enescu, in the evening?

2 What would you say to each of them when taking your leave?

3 Someone asks you something you don't understand. Which of these would you use in reply:
   Scuzați.
   Vorbiți mai rar, vă rog.
   Noapte bună.

4 You are in the hall of a hotel and you meet someone you know. What do you say when:

a you see him/her.
b he/she speaks too fast.
c he/she offers you a cigarette and you do not smoke.
d he/she says goodbye.

5 A man at the bus-stop is asking you a question that you do not hear properly. Which do you say:
a vă rog.
b nu, mulţumesc.
c poftim?

6 You are staying the night with some friends. It's late and you decide to go to bed. Which do you say:
Ce mai faceţi?
La revedere.
Noapte bună.

7 Use the clues to complete the grid. When you've finished, the vertical word will be what you say to someone to express thanks.
a Greeting someone in the morning.
b A greeting used when going to bed.
c The opposite of doamnă.
d How are you?
e Hello.
f Sorry?
g What you say when you take your leave of someone.
h Good evening.
i Excuse me.

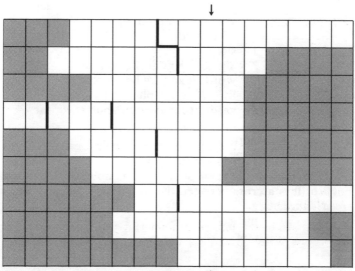

Remember to check your answers in the Key to the exercises. If you have too many wrong answers go back to page 7 as it gives useful tips to learn key words and phrases, then do the exercises again.

▶ Romanian sounds

How to sound Romanian

Now that you've learnt a few Romanian phrases, concentrate on sounding Romanian right from the beginning. Here are a few rules that will help you.

- In Romanian roughly equal weight is given to each part of the word, e.g. **res-tau-rant, spi-tal, ca-fea, te-le-fon.**

- All Romanian words that are spelt like English words are pronounced differently, e.g. important, parking, taxi, computer.

▶ Romanian vowel sounds

Here is a list of the Romanian vowels with a rough English equivalent sound. Some of them have an accent (ă â î) which affects their pronunciation and distinguishes words with the same spelling.

		approximate English sound	
a		come, cut	am
ă		hurt	doamnă
e	1	pen	lemn
	2	yes (at the beginning of a word)	este
i	1	sleep	mic
	2	almost silent at the end of words (except when preceded by consonant plus r)	pomi
	3	yard (at the beginning of the word)	iar
o		pork	pom
u		book	un

â and î represent the same sound. It has no close equivalent in English. It is a cross between the sounds in English *crude* and *creed*: *lângă*.

ai	pie	mai
au	cow	sau

ea	yap	dumneavoastră
ei	day	lei
ei, iei	yea (old English)	ei
eu	1 no close equivalent	leu
	2 no close equivalent	eu
ia	young	România
iau	yowl	iau
ie	yes	prieten
io	York	pensionar
ioa	no close equivalent	creioane
iu	no close equivalent	fotoliu
îi	no close equivalent	câine
oa	wonder	soare
oi	voice	doi
ou	low	ou
ua	one	luați
uă	influence	două
ui	ruinous	pui

▶ Romanian consonant sounds

Many consonants, such as **b c d f g h k l m n p s t v w x z**, are similar to English. Below are the exceptions:

	rough English sound	
c (before **i, e**)	cheese	ceai
ch	kite	chelner
g (before **i, e**)	geography	geam
gh	give	ghid
j	leisure	ajunge
r	trilled as in Scottish **r**	raft
ş	shop	şi
ţ	cats	ţară

Acquiring a good accent is desirable, but the principal aim is to make yourself understood. Here are a number of tips for studying pronunciation.

a   Listen carefully to the recording or a native speaker or teacher.

b   Tape record yourself and compare your pronunciation with that of a native speaker.

c   Ask a native speaker to listen to your pronunciation and tell you how to improve it.

d   Make a list of words that cause you pronunciation problems and practise them.

e Try this tongue-twister: şase saci, şase saci, şase saci. Şase means *six* and saci means *sacks*.

Un mic test   A mini test

You have reached the end of Unit 1. Now you know how to say hello, thank you and exchange greetings. You've also learnt a little about Romanian sounds.

How would you:

a say hello?
b ask someone if he/she speaks English?
c say thank you?

You'll find the answers at the back of the book. If you have answered all the questions correctly, go to Unit 2. If not, revise Unit 1.

02

asking

punând întrebări

In this unit you will learn
- to ask for something
- to count up to ten
- to ask the price
- to say how much you want
- to use negative constructions

Before you start

The simplest way to ask for something in a shop is to point at it and say **vă rog**. You can also say the Romanian word if you know it followed by **vă rog**, such as **cafea, vă rog** *coffee, please*; **Domnule/Doamnă/Domnişoară, vă rog** to call the waiter's/waitress's attention.

Exercise

You are in a restaurant. How would you attract the waiter's attention? How would you ask for a cup of coffee?

▶ Key words and phrases

Learning a new language involves remembering new vocabulary and rules and pronunciation and grammar. Although the course presents this information in a certain way it is useful to devise your own system for referring to what you have already learnt.

cât costă asta?	*How much does that cost?*
o sută de lei	*one hundred lei*
două sute de lei	*two hundred lei*
un telefon	*a telephone, a telephone call*
un hotel	*a hotel*
un WC	*a toilet*
un taxi	*a taxi*
un ceai	*a cup of tea*
un bilet	*a ticket*
un câine	*a dog*
o pâine	*a loaf of bread*
o bere	*a glass of beer*
o sticlă cu vin	*a bottle of wine*
o sticlă cu apă minerală	*a bottle of mineral water*
o cameră	*a room*
o staţie de autobuz	*a bus-stop*
o staţie de metrou	*an underground station*
o staţie de taxi	*a taxi rank*
o staţie de benzină	*a petrol station*
o farmacie	*a chemist's*
aspirine	*aspirins*
antinevralgice	*paracetamol tablets*
ţigări	*cigarettes*
Ce doriţi?	*What would you like?*

un restaurant	*a restaurant*
un spital	*a hospital*
vreau	*I want*
Aveţi?	*Do you have?*
avem	*we have*
nu avem	*we do not have*
Unde este?	*Where is?*
Cât costă?	*How much is it?*
asta	*this*
şi	*and*
aici	*here*
acolo	*there*
plata, vă rog	*the bill, please*
îmi pare rău	*I'm sorry*
unu/una	*one*
doi/două	*two*
trei	*three*
patru	*four*
cinci	*five*
şase	*six*
şapte	*seven*
opt	*eight*
nouă	*nine*
zece	*ten*

When organizing the study of vocabulary you can group the words by:

a generic categories, such as shopping.
b situations, such as ordering food in a restaurant.

To remind yourself of pronunciation rules, reserve a section of your notes for them for easy reference.

Grammar and pronunciation

1 Negation

The negative particle **nu** is placed before a verb to indicate negation. We can illustrate this by first of all taking a simple affirmative statement such as **sunt român** *I am Romanian*. To say *I am not Romanian* we place **nu** before **sunt**, i.e. **nu sunt român**.

este	there is/it is	nu este	there is not/it is not
aveți?	do you have?	nu aveți?	don't you have?
vreau	I want	nu vreau	I don't want

2 Intonation

There are basically three patterns of intonation. If you have the recording, listen to the following examples. The first is found in simple questions where the voice is raised to a high pitch on **unde**:

Unde este?   *Where is it?*

The second occurs in questions to which we can expect the answer *yes* or *no*.

Aveți cafea?   *Do you have coffee?*
Nu aveți bere?   *Don't you have beer?*

Here the high pitch is given to **cafea** and **bere**.

The third is met in a normal statement:

Nu vreau bere.   *I don't want (a) beer.*

Here there is a slight fall in pitch at **bere**.

3 'A', 'an'

The word *a* or *an* in English becomes **un** or **o**:

un hotel	a hotel	o cameră	a room
un om	a person	o sticlă	a bottle

Unlike in English, Romanian nouns are classified by gender, which means that they are either masculine, feminine or neuter. A noun is a word that denotes persons, creatures, things, qualities or notions. Nouns therefore belong to one of the three genders or groups and the nature of the group determines whether **un** or **o** precedes the word. Very broadly speaking the ending of the word will tell you whether to use **un** or **o**. Thus words that end in a consonant, like hotel and om, will be preceded by **un**, and belong to either the masculine or neuter group or gender. Since **un** is the masculine and neuter marker of *a, an*, it will be used with these words.

e.g. **un hotel** is neuter and **un om** is masculine.

Nouns that end in a vowel, like cameră and sticlă, are preceded by o and belong to the feminine group. Since o is the feminine marker of *a*, *an*, it will be used with such words.

e.g. o sticlă, o bere.

However, there are also several nouns that end in e that belong to the masculine group and are therefore preceded by un.

e.g. un câine.

Although there are several exceptions to the general rules, it is a good habit to learn the nouns with their markers as this will help you to remember the gender. Even if you get the gender wrong Romanians will still understand you. Here are some examples:

un taxi	**un ceai**	**un bilet**
o farmacie	**o pâine**	**o doamnă**

A simple guide to remembering the group or gender of a noun is to bear in mind that in most cases male beings belong to the masculine gender and females belong to the feminine. Animals that are male or female are respectively of the masculine and feminine gender. Unfortunately for the learner, objects and abstract notions are less regular in their gender.

4 Plural

Broadly speaking, to mark the plural, masculine nouns take the ending -i, feminine nouns the endings -e or -i, and neuter endings -e or -uri.

m (= masculine)			
un român	*a Romanian*	**un englez**	*an Englishman*
doi români	*two Romanians*	**doi englezi**	*two Englishmen*
un câine	*a dog*		
doi câini	*two dogs*		

f (= feminine)			
o sticlă	*a bottle*	**o bere**	*a beer*
două sticle	*two bottles*	**două beri**	*two beers*

	n (= neuter)		
un taxi	a taxi	**un bilet**	a ticket
două taxiuri	two taxis	**două bilete**	two tickets

You will find more plurals in Unit 3.

Later in the book (from Unit 5) the Key words sections list nouns with both their singular and plural forms followed by (m), (f) or (n) to note the gender. (Also see page 33.)

▶ Dialogue

Let's accompany Mr Porter and see if he gets what he wants. Read the following dialogue or if you have the recording listen to it first.

Chelnerul	Bună ziua, domnule. Ce doriți?
Domnul Porter	Vreau o cafea și o sticlă de apă minerală.
Chelnerul	Îmi pare rău, dar nu avem nici cafea nici apă minerală. Poate doriți un ceai.
Domnul Porter	Nu, mulțumesc, nu vreau ceai.
Chelnerul	Atunci o sticlă de vin. Avem Cotnar și Murfatlar.
Domnul Porter	O sticlă de Murfatlar, vă rog.

dar	but	**poate**	maybe
nici ... nici	neither ... nor	**atunci**	then

ℹ Mineral water

Many Romanians drink **apă minerală** instead of tap water, even though the latter is safe to drink. There are more than 100 mineral water springs in Romania which have been commercially developed and have bottling plants. This mineral water is almost all **gazoasă** (*fizzy*) and is drunk at the table. Some mineral water is taken for medicinal purposes and is particularly recommended for liver and kidney complaints. Occasionally Romanians dilute wine with mineral water to make a refreshing drink called **un șpriț**.

Exercises

1   Where do you think the dialogue takes place?

2   Compose a similar dialogue for the chemist's.

3   Mr Porter is in a restaurant. Fill in the waiter's questions or answers.

Example:	Chelnerul	Ce doriţi?
	Domnul Porter	Vreau un ceai.
	Chelnerul	_____
	Domnul Porter	Vreau o bere.
	Chelnerul	_____
	Domnul Porter	Atunci o cafea.
	Chelnerul	_____
	Domnul Porter	Nu, mulţumesc.

4   You are in Sibiu in Transylvania and you need to know where to find **a** a hotel, **b** a chemist's and, **c** a petrol station. Ask a passerby.

Example: **Unde este un restaurant?**   *Where is there a restaurant?*

▶ 5   Give the answers, in the negative, to the following questions:

a   Doriţi o cafea?
b   Aveţi aspirine?
c   Vreţi un ceai?
d   Aici este un hotel?
e   Acolo este o staţie de taxiuri?

6   The items you want are hidden in the string of letters below. Find them.

> **xubaspirineovkbenzinăehmalţigări**

7   Rewrite the following answers into suitable questions.
Example: **Un ceai costă cinci sute de lei.**
Question: **Cât costă un ceai?**

O cafea costă şapte sute de lei.
O sticlă cu bere costă nouă sute de lei.
O pâine costă şase sute de lei.
Un bilet de autobuz costă patru sute de lei.
Asta costă trei sute de lei.

8 Try to ask as many questions as you can in Romanian.

9 Match the words in the left-hand column with those on the right.

Example: **o stație de benzină**

o stație		vin
o sticlă		hotel
o cameră	de	metrou
două bilete		tren
zece bilete		benzină

03

să ne prezentăm
talking about yourself

In this unit you will learn
- to introduce yourself
- to say where you are from
- to ask *how much, how many*
- to construct more plurals
- to count from 11 to 20

Before you start

Mă numesc *my name is ...* that is the way you introduce yourself when asked **cum vă numiţi?** *what is your name?*

Examples

Cum vă numiţi?
Mă numesc George Porter.
Dumneavoastră cum vă numiţi?
Eu **mă numesc** Victor Costescu.

Dumneavoastră *you* is used when you address another person, unless you are close friends, or you speak to a child.

Exercise

Introduce yourself as in the example above and ask your new acquaintance his or her name.

▶ Key words and phrases

Cum se spune pe româneşte?	*How do you say in Romanian ...?*
Sunteţi român?	*Are you Romanian?*
Nu, sunt englez.	*No, I am English. (man)*
Sunteţi româncă?	*Are you Romanian? (addressing a woman)*
Nu, sunt englezoaică.	*No, I am English (woman).*
De unde sunteţi?	*Where do you come (are you) from?*
Sunteţi din România?	*Do you come (are you) from Romania?*
Nu, sunt din Anglia.	*No, I am from England (Britain).*
Sunteţi căsătorit?	*Are you married? (addressing a man)*
Sunteţi căsătorită?	*Are you married? (addressing a woman)*
Aveţi copii?	*Do you have children?*
Am un copil, o fată.	*I have one child, a girl.*
Câţi copii aveţi?	*How many children do you have?*
apoi	*then*
Avem doi copii, o fată şi un băiat.	*We have two children, a girl and a boy.*
Câte fete şi câţi băieţi?	*How many girls and how many boys?*

Avem două fete şi trei băieţi.	*We have two girls and three boys.*
Ce sunteţi?	*What are you?*
Sunt ziarist/ziaristă.	*I am a journalist (male/female).*
profesor/profesoară	*teacher (male/female)*
student/studentă	*student (male/female)*
medic	*doctor*
Unde staţi?	*Where are you staying?*
Stăm la hotel.	*We are staying in a hotel.*
Cât timp staţi în România?	*How long are you staying in Romania?*
Nu ştiu, o zi sau două zile.	*I don't know, one or two days.*
depinde	*it depends*
până mâine	*until tomorrow*
azi	*today*
o săptămână	*a week*

Read the questions and answers several times.

Grammar

1 More plurals

In Unit 2, you were introduced to some plural forms of nouns:
un român, doi români, un bilet, două bilete, o sticlă, două sticle.
Here are some more forms:

a In masculine nouns the addition of **i** in the plural sometimes causes the final consonant to change:

copil	*child*	**rus**	*Russian*
copii	*children*	**ruşi**	*Russians*

b Those that end in a vowel replace the vowel with **i**:

metru	*metre*	**leu**	*lion* (units of
metri	*metres*	**lei**	*lions* currency)

peşte	*fish*
peşti	*fish(es)*

c Feminine nouns ending in **ă** form their plural by substituting either an **e**:

casă	*house*	**cameră**	*room*
case	*houses*	**camere**	*rooms*

englezoaică	*Englishwoman*
englezoaice	*Englishwomen*

or an **i**:

gar**ă**	*station*	grăd**ină**	*garden*
găr**i**	*stations*	grăd**ini**	*gardens*

d Those ending in **e**, replace it with an **i**:

pâin**e**	*bread*	cart**e**	*book*
pâin**i**	*loaves*	cărț**i**	*books*

e Those ending in **ură** replace it by **uri**:

prăjit**ură**	*tea cake*
prăjit**uri**	*tea cakes*

f Those ending in **ie** replace it by **ii**:

cofetăr**ie**	*coffee house*
cofetăr**ii**	*coffee houses*

g Those ending in **ea** replace it by **ele**:

caf**ea**	*coffee*
caf**ele**	*cups of coffee*

h Neuter nouns ending in **ou** form their plural by adding **uri**:

bir**ou**	*office, desk*
bir**ouri**	*offices, desks*

i Those ending in **iu** are formed in the plural with **ii**:

fotol**iu**	*armchair*
fotol**ii**	*armchairs*

2 Nouns of nationality and of occupation

a Earlier in this unit you met the phrases **sunt ziarist, sunt profesor** *I am a journalist, I am a teacher*. Note that the indefinite articles **un** and **o** are omitted after the verb in such usage. Similarly they are not required when indicating nationality: **sunt român, sunt româncă** *I am Romanian*.

b Feminine nouns denoting occupation or nationality are usually derived from masculine ones. See **un student** *a male student*, **o studentă** *a female student*:

m		**f**
un profesor	*a teacher*	o profesoară
un englez	*an Englishman/woman*	o englezoaică
un american	*an American*	o americancă
un doctor	*a doctor*	o doctoriță
un inginer	*an engineer*	o ingineră

Note how the feminine form is often radically different.

3 'How much?' 'How many?'

To ask *how much*, *how many*, Romanians use the word **cât**. In Unit 2, you learnt the phrase **cât costă?** *how much does it cost?* When used with a noun, **cât** changes its form to agree:

a   according to whether the noun is masculine, feminine or neuter;
b   according to whether the noun is singular or plural.

Thus in this unit the forms **câţi băieţi** *how many boys* and **câte fete** *how many girls* are used.

	m	f	n
singular	cât	câtă	cât
plural	câţi	câte	câte

▶ 4 Numbers from 11 to 20

11	**unsprezece**
12	**doisprezece** (m), **douăsprezece** (f, n)
13	**treisprezece**
14	**paisprezece**
15	**cincisprezece**
16	**şaisprezece**
17	**şaptesprezece**
18	**optsprezece**
19	**nouăsprezece**
20	**douăzeci**

From 20 upwards the nouns are linked to the number by **de**, so:
doisprezeci ani (*12 years*)
douăsprezece fete (*12 girls*)
paisprezece sticle (*14 bottles*)

but: **douăzeci de lei** (*20 lions*)

Note that in colloquial speech the **-sprezece** ending is reduced to **şpe**: unşpe, doişpe, douăşpe, treişpe, paişpe, cinşpe, şaişpe, şapteşpe, opşpe, nouăşpe.

▶ Dialogue

The Romanian tourist office is conducting a survey about tourism in Romania and one of their employees (**angajat**) approaches George Porter:

Angajatul	Cum vă numiţi?
George Porter	Mă numesc George Porter.

Angajatul	De unde sunteți?
George Porter	Din Anglia.
Angajatul	Nu sunteți român?
George Porter	Nu, sunt englez.
Angajatul	Sunteți căsătorit?
George Porter	Da, sunt căsătorit.
Angajatul	Aveți copii?
George Porter	Da, am patru copii.
Angajatul	Câți băieți și câte fete?
George Porter	Doi băieți și două fete.

ℹ Romania and the Romanians

The Romanians derive their name (**nume**) from the Romans who conquered the Romanians' ancestors, a people called Dacians (**daci**), in the year 105 AD. The Romans gave the name Dacia to the territory which they conquered and this area corresponds roughly to the present-day region (**regiune**) of Transylvania (**Transilvania**). After the Romans withdrew from Dacia in 274 AD successive waves of invading peoples (**popoare**), such as Slavs (**slavi**) and Hungarians (**unguri**), settled in the territory of Romania. Its position at the crossroads of Western and Eastern Europe (**Europa**) has given Romania and the Romanians a troubled history (**istorie**). It was only in 1859 that the Romanians in the principalities of Wallachia (**Țara Românească**) and Moldavia (**Moldova**) were united in a single country called Romania and it was not until 1918 that the Romanians of Transylvania, who formed the majority population of that region, joined their fellow countrymen. Even today (**astăzi**) there are more than 2.5 million Romanians in the Republic of Moldavia (**Republica Moldova**) who may well decide to join Romania.

Romania is the twelfth largest country in Europe by area (**suprafață**). It is slightly smaller than Great Britain (**Marea Britanie**) and its population is just over 23 million (**milioane**).

Exercises

1   Say whether the following statements based on the dialogue are true or false.

Domnul Porter: **a**   este englez.

        b   este din România.

        c   este în România.

        d   nu are copii.

Romania has Ukraine, Bulgaria, what was formerly Yugoslavia, the Republic of
Moldova and Hungary as neighbours

e   este căsătorit.
f   stă o zi la Timişoara.
g   are trei băieţi.
h   stă la Bucureşti o zi sau două.

2   Using the dialogue as a model try to unscramble the
following jumbled conversation:
a   De ce nu staţi mai mult (*more*) în România?
b   Nu, sunt englez.
c   Sunteţi căsătorit?
d   Sunteţi român?
e   Da, avem o fată şi un băiat.
f   Nu avem timp.
g   Da, sunt căsătorit.
h   Aveţi copii?

▶ **3** Ask questions in order to get the following answers:
  a Da, avem trei copii.
  b Nu avem fete.
  c Da, sunt englez.
  d Stăm la hotel.
  e Aici stau două zile.
  f Sunt ziarist.
  g Stăm la Bucureşti trei zile.
  h La Timişoara stăm paisprezece zile.

4 Use the appropriate indefinite article **un** or **o**:
  a copil, **b** fată, **c** băiat, **d** hotel, **e** telefon, **f** farmacie, **g** spital, **h** ceai, **i** bilet, **j** doctor, **k** doctoriţă, **l** zi **m** cafea, **n** sticlă

5 Can you find the ten words in Romanian in this puzzle?

  a *Do you speak?*
  b *where*
  c *telephone*
  d *child*
  e *you have*
  f *you are*
  g *it depends*
  h *week*
  i *female journalist*
  j *bottle*

N	A	K	V	Ă	G	O	Ş	I	I
O	B	E	Z	Ş	A	V	E	Ţ	I
F	S	E	I	Ţ	N	Â	E	I	Ă
E	T	I	A	G	O	T	D	B	J
L	I	O	R	C	N	Â	E	R	U
E	C	L	I	U	L	I	P	O	C
T	L	K	S	E	Y	T	I	V	D
S	Ă	P	T	Ă	M	Â	N	A	G
Z	O	Ţ	Ă	Ş	P	E	D	N	U
T	P	Â	U	F	D	S	E	S	V

6 How do you say the following in Romanian:
  a Are you Romanian (woman)?
  b I am married (man).
  c Where is a restaurant?
  d My name is Victor Enescu.
  e I am a student (man).
  f How much is a ticket?
  g I want a bottle of mineral water.
  h How much is a cup of coffee?
  i Where is a pharmacy?

7 Translate the following:
- **a** Cât costă o prăjitură?
- **b** Cât costă două pâini?
- **c** Stăm şapte zile în România şi nouă zile în Anglia.
- **d** Doriţi cafea?
- **e** Da, vreau două cafele.
- **f** Avem patru copii.

8 Which column would you use to ask questions of Mr Porter and which to ask questions of Mrs Porter?

a	b
sunteţi ziarist?	sunteţi ziaristă?
sunteţi profesor?	sunteţi profesoară?
sunteţi student?	sunteţi studentă?
sunteţi doctor?	sunteţi doctoriţă?
sunteţi inginer?	sunteţi ingineră?
sunteţi american?	sunteţi americancă?
sunteţi englez?	sunteţi englezoaică?

Try using other male and female persons with the above forms, such as **George este englez**, or **Ana este englezoaică**.

9 Fill the squares in the puzzle with the correct Romanian words.

- **a** *a*
- **b** *no*
- **c** *Romanian*
- **d** *is*
- **e** *evening*
- **f** *train*
- **g** *I have*
- **h** *where*
- **i** *Romania*
- **j** *here*
- **k** *night*
- **l** *telephone*

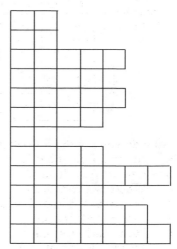

10 Complete the blanks using **câţi** or **câte** and write the numerals in full:

a ——— zile staţi în România? Stau 17 zile.

b ——— copii aveţi? Am 4 copii.

c ——— sticle cu bere vreţi? Vreau 14 sticle.

d ——— prăjituri sunt aici? Sunt 12 prăjituri.

e ——— englezi sunt acolo? Sunt 16 englezi.

f ——— români sunt aici? Sunt 11 români.

g ——— bilete doriţi? Vreau 15 bilete.

h ——— aspirine doriţi? Vreau 12 aspirine.

i ——— ingineri sunt aici? Aici sunt 6 ingineri.

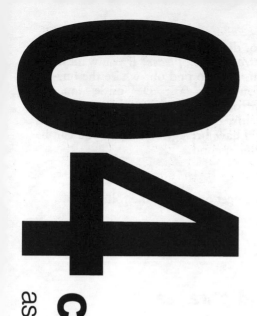

04

cum să ajung la

asking the way

In this unit you will learn
- to ask the way and understand directions
- to use some prepositions and the indefinite form of a noun
- to use the forms for *I*, *you*, *he*, *she*, *we*, *they*
- to use the verbs a fi *to be*, a avea *to have*, a sta *to stay*, a merge *to go*, a lua *to take*

Before you start

The simplest way to ask for directions if you are on foot is **Spre centru, vă rog?** *To the centre of town, please?* If you want to go by bus or underground, in order to find out where the bus- or underground-stop is you must ask **De unde iau un autobuz/metrou spre centru, vă rog?** *Where do I catch a bus/underground for the centre of town, please?* It is a good idea to repeat the directions you have been given so that you can be corrected if you have misunderstood.

Exercise

Ask a passerby how you can get on foot to the following:

a station.
b chemist's.
c hotel.

▶ Key words and phrases

Cum merg spre gară, vă rog?	*How do I get to the station, please?*
Mergeți drept înainte.	*You go straight ahead.*
la dreapta	*turn right*
la stânga	*turn left*
până la intersecție	*go up to the crossroads*
până la semafor	*go up to the traffic lights*
pe stradă	*go up the street*
pe bulevard	*go up the boulevard*
Mergeți pe jos?	*Are you on foot?*
Cu ce mergeți?	*How are you getting there?*
Merg cu autobuzul.	*I am going by bus.*
cu metroul	*by underground*
cu mașina	*by car*
Iau un autobuz.	*I am taking a bus.*
Stați la coadă la tichete.	*You queue up for tickets.*
Stați în stație.	*You wait at the stop.*
Aveți nevoie de un tichet.	*You need a ticket.*
un carnet de tichete	*a book of tickets*
De unde iau un tichet?	*Where do I get a ticket from?*
Luați tichete de la chioșc	*You get tickets from the kiosk*
dacă aveți timp.	*if you have time.*
În cât timp sunt la gară?	*How long will it take me to get to the station?*

cam în douăzeci de minute	*in about 20 minutes*
înainte de	*before*
Nu-i aşa?	*Isn't that so?*
aşa este	*that's right*
simplu	*simple*
mai simplu	*simpler*
lângă	*beside, next to*
între	*between*

▶ To help you classify the nouns used in this unit they are listed below with their gender and plural forms. Both the singular and plural forms of nouns are included in the Key words boxes from here onwards, e.g. **alimentară, alimentare** (f) food shop.

autobuz	**autobuze** (n)	*bus*
bulevard	**bulevarde** (n)	*main street*
carnet	**carnete** (n)	*book of tickets*
chioşc	**chioşcuri** (n)	*kiosk*
coadă	**cozi** (f)	*queue*
colonist	**colonişti** (m)	*colonist*
	est (n)	*East*
gară	**gări** (f)	*station*
hotel	**hoteluri** (n)	*hotel*
intersecţie	**intersecţii** (f)	*crossroads*
locuitor	**locuitori** (m)	*inhabitant*
maşină	**maşini** (f)	*car*
metrou	**metrouri** (m)	*underground*
milion	**milioane** (n)	*million*
minut	**minute** (n)	*minute*
neamţ	**nemţi** (m)	*German*
oraş	**oraşe** (n)	*town*
popor	**popoare** (n)	*people*
roman	**romani** (m)	*Roman*
secol	**secole** (n)	*century*
semafor	**semafoare** (n)	*traffic lights*
staţie	**staţii** (f)	*(bus-/underground-stop)*
stradă	**străzi** (f)	*street*
tichet	**tichete** (n)	*ticket*
trecător	**trecători** (m)	*passerby (male)*
trecătoare	**trecătoare** (f)	*passerby (female)*
ungur	**unguri** (m)	*Hungarian*
urmaş	**urmaşi** (m)	*descendant*

Grammar

1 'I', 'you', 'he', 'she', 'it', 'we' and 'they'

a *I, you, he, she, it, we* and *they* are called subject pronouns in English. Here are their equivalents in Romanian:

eu	*I*
tu	*you (familiar only)*
el	*he (or) it*
ea	*she (or) it*
noi	*we*
voi	*you (collective only)*
ei	*they (male)*
ele	*they (female)*

b The subject pronoun is placed in front of the verb to emphasize the doer of the action: **avem** *we have*, **noi avem** *we have*.

c The subject pronouns **el, ea, ei, ele** may be used to take the place of a noun, whether it is a person, place, thing or animal, although in practice they are mostly used to indicate persons. Here is an example with an object:

Un carnet are zece bilete.   *A book of tickets has ten tickets.*
El are zece bilete.   *It has ten tickets.*

d The subject pronoun **el** is used to take the place of a masculine singular noun: such as **George are** *George has*, **el are** *he has*.

e The subject pronoun **ea** is used to take the place of a feminine singular noun: such as **Ana are** *Ann has*, **ea are** *she has*.

f The subject pronoun **ei** is used to take the place of two or more masculine nouns. It is also used instead of one masculine and one feminine noun. Irrespective of the number of feminine nouns, as long as there is one masculine noun **ei** must be used: **George şi Ana sunt acolo** *George and Ann are there*, **ei sunt acolo** *they are there*.

g The subject pronoun **ele** is used to take the place of two feminine nouns *only*.

h In Romanian there are four subject pronouns that mean *you*:

tu	**voi**
dumneata	**dumneavoastră**

Tu is used when you are speaking to a member of your family, a close friend, or someone younger than you: **tu eşti** *you are*.
George Porter **Bună ziua, Ana. Tu eşti studentă?**

Dumneata (usually abbreviated to **d-ta** or sometimes **mata**) is also used when addressing one person when that person is a professional colleague or a subordinate. It may be used in a friendly or scolding manner: **dumneata eşti** *you are*.
George Porter **Bună ziua, domnule Popescu. Dumneata eşti inginer?**

Voi is used to address two or more persons and usually shows that the speaker is on familiar terms with the persons addressed: **voi aveţi** *you have*.
George Porter **Bună ziua, Ana şi Nicu. Voi aveţi bilete de metrou?**

If in doubt as to which to use, choose **dumneavoastră**.

Dumneavoastră (usually abbreviated to **dvs.**) is used when addressing one or more persons and when that person is superior in age or rank to the speaker. It can also be used to address a stranger or someone you do not know well. It is respectful and courteous: **dumneavoastră sunteţi** *you are*.
Ana **Bună ziua, domnule Porter. Dvs. sunteţi profesor?**

Note that **tu** and **dumneata** are used with a singular form of the verb (e.g. **eşti**) and **dumneavoastră** and **voi** with a plural form (**sunteţi, aveţi**).

2 Verbs

A verb is a word that expresses an action (e.g. *to go*) or a state of being (*to be, to think*). Tense means time. Romanian and English verbs are divided into three phases of time: *past, present,* and *future*. A verb tense shows if an action *took* place (past), *is taking* place (present), or *will take* place (future).

In this unit you will look at the present tense of the verbs **a fi** *to be*, **a avea** *to have*, **a sta** *to stay* or *to reside*, **a merge** *to go*, **a lua** *to take*.

a fi

sunt	*I am*	suntem	*we are*
eşti	*you are*	sunteţi	*you are*
este	*he, she, it is*	sunt	*they are*

a avea

am	*I have*	**avem**	*we have*
ai	*you have*	**aveți**	*you have*
are	*he, she, it has*	**au**	*they have*

a sta

stau	*I stay, I am staying,*	**stăm**	*we stay*
	I do stay		
stai	*you stay*	**stați**	*you stay*
stă	*he, she, it stays*	**stau**	*they stay*

a merge

merg	*I go, I am going,*	**mergem**	*we go*
	I do go		
mergi	*you go*	**mergeți**	*you go*
merge	*he, she, it goes*	**merg**	*they go*

a lua

iau	*I take, I am taking,*	**luăm**	*we take*
	I do take		
iei	*you take*	**luați**	*you take*
ia	*he, she, it takes*	**iau**	*they take*

Notes

a   *do, am, are, does, is,* which are used in English in the present tense are not translated into Romanian. Therefore **merg** can mean *I go,* or *I do go,* or *I am going.* Similarly **mergi** can mean *you go,* or *you do go,* or *you are going.*

b   the *you* endings in -i refer to one person and those in -ți to one or more persons.

c   **este** has an optional form **e** which is often used in colloquial speech e.g. **unde este** *where is (it)?* becomes **unde e?** This **e** sometimes becomes **i** if preceded by a word that ends in a vowel. Thus the question **ce este?** *what is it?* is rendered in colloquial speech **ce-i?**

d   the word for *no* **nu** may be reduced before the forms of **a avea**. In such cases it is followed in writing by a hyphen:

n-am	*I don't have*	**n-avem**	*we don't have*
n-ai	*you don't have*	**n-aveți**	*you don't have*
n-are	*he, she doesn't have*	**n-au**	*they don't have*

Compare:

am	nu am	**n-am**	avem	nu avem	**n-avem**
ai	nu ai	**n-ai**	aveți	nu aveți	**n-aveți**
are	nu are	**n-are**	au	nu au	**n-au**

3 Use of prepositions such as 'on', 'towards'

In this unit you will have noticed such expressions as **pe stradă** *on the street*, **spre gară** *towards the station*, **până la semafor** *as far as the traffic lights*. Words indicating position or direction like **pe**, **spre** are called prepositions and when they are used in Romanian they often do not require a form for *the*. Thus **stradă** means *street* and **pe stradă** *on the street*. But note that **pe o stradă** means *on a street*.

Compare:

gară	*station*	intersecţie	*crossroads*
la gară	*at the station*	la intersecţie	*at the crossroads*
la o gară	*at a station*	la o intersecţie	*at a crossroads*

▶ Dialogue

Mr Porter is standing outside his hotel and asks a passerby (**un trecător**) the way to the station:

Porter   Dacă merg pe jos, în cât timp sunt la gară?

Trecătorul   Cam în douăzeci de minute.

Porter   Şi dacă iau autobuzul?

Trecătorul   Cu autobuzul sunteţi la gară cam în cinci minute.

Porter   Merg pe jos cinci minute şi apoi iau autobuzul!

Trecătorul   Mergeţi pe bulevard drept înainte până la intersecţie unde este un semafor, şi apoi la dreapta. Lângă farmacie, între hotel şi restaurant, este o staţie de unde luaţi un autobuz.

Porter   Câte staţii sunt până la gară?

Trecătorul   Şase staţii.

Porter   Ah, mulţumesc. Şi tichet de unde iau? Am nevoie de tichet, nu-i aşa?

Trecătorul   Aşa este. Luaţi de la chioşc. Este un chioşc înainte de hotel. Staţi la coadă şi luaţi un carnet de tichete. E mai simplu.

Porter   Mulţumesc foarte mult.

Listen to, or read, the dialogue carefully and answer the questions. Tick in the box where there is a choice. You can still do the exercise if you haven't got the recording.

a   What is the first thing Mr Porter asks the passerby?
b   What is the first thing the passerby asks Mr Porter?
c   How long does it take Mr Porter to walk to the station?
☐ ten minutes. ☐ about 20 minutes.

d   How does he go there, on foot or by bus?
e   To walk to the bus stop must he:
☐ turn right? ☐ go straight on? ☐ go straight on and then turn right?
f   Where is the bus-stop?
☐ between the chemist's and the hotel. ☐ by the restaurant.
☐ between the hotel and the restaurant.
g   How many stops are there?
☐ two stops. ☐ ten stops. ☐ six stops.
h   Does he need a bus ticket?
☐ yes. ☐ no.
i   Where is the kiosk?
☐ at the bus-stop. ☐ by the chemist's. ☐ before you get to the hotel.

ℹ Hungarians and Germans in Romania

About the year 1000 the northwestern part of Romania, called Transylvania (**Transilvania**), was conquered by the King (**rege**) of Hungary (**Ungaria**). As a result many Hungarians settled in Transylvania and their descendants (**urmaşi**), who number more than two million (**două milioane**), live today alongside the Romanians.

In the early 1200s, the King of Hungary invited German settlers (**colonişti**) to Transylvania in order to help defend it against attacks from the Tatars to the east (**est**) of Romania. The Germans (**nemţi**) built citadels (**cetăţi**) and towns (**oraşe**) which were largely self-governing. At the end of the eighteenth century, more German settlers were brought to the area of the Banat in southwestern Romania which at that time was under the rule of Habsburg Empress Maria Theresa. At the outbreak of the Second World War the numbers of Germans, generally known as Saxons (**saşi**), had grown to more than 400,000. In the 1960s, the Romanian leader Nicolae Ceauşescu allowed large numbers of these Germans to leave the country in return for payment from their relatives in West Germany, and by the time of his overthrow there were about 200,000 left. Today, some 70,000 remain.

Exercises

1   You want to get to the station. Select your phrases from the box below and write them in the appropriate spaces in the conversation:

> **(a) Mulţumesc foarte mult   (b) Nu, cu autobuzul**
> **(c) Scuzaţi, vă rog, cum merg spre gară?   (d) Merg la dreapta şi apoi la stânga, nu-i aşa?**

Dumneavoastră	____ ____ ____ ____
Un trecător	Mergeți pe jos sau cu mașina?
Dvs.	____ ____ ____ ____
Un trecător	Mergeți la stânga și apoi la dreapta. Acolo este o stație de autobuz.
Dvs.	____ ____ ____ ____
Un trecător	Nu. La stânga și apoi la dreapta.
Dvs.	____ ____ ____ ____

2   Taking as a guide the information given below for getting from point 1 to a restaurant, imagine yourself giving similar instructions from point 2 to somebody who wants to find a hotel. Look at the map below.

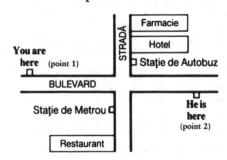

Guide Mergeți pe bulevard drept înainte până la intersecție, apoi la dreapta. Lângă o stație de metrou este un restaurant.

3   Working from the map in Exercise 2, complete the following sentences using **spre, lângă, între, pe, până la.**
  a   Este un hotel ____ o stație de autobuz și o farmacie.
  b   Mergeți ____ stradă ____ intersecție.
  c   Cum merg ____ farmacie?
  d   Este o farmacie ____ hotel.

4   Fill in the blank spaces with the correct form of **a avea, a fi, a merge, a sta, a lua.** In some cases more than one verb can be used.
  a   Dumneavoastră _____ la hotel?
  b   Cât timp _____ Victor în România?
  c   Tu _____ român.
  d   Noi _____ două tichete de autobuz.
  e   Dumneata _____ spre gară?
  f   Ei _____ englezi.
  g   Tu _____ un autobuz sau _____ pe jos?
  h   El _____ un taxi.

i Noi _____ nevoie de tichete.
j Ele _____ aici o săptămînă.
k Dumneavoastră _____ nevoie de taxi?
l Ea _____ la coadă la tichete.
m Eu _____ pe jos.

5 Replace the singular verb and pronoun with the corresponding plural.
 Example: Cum merg eu spre stație? Cum mergem noi spre stație?
 a Eu stau la coadă la chioșc.
 b El este la hotel.
 c Ai nevoie de un tichet de autobuz?
 d Unde merge ea?
 e Cât timp stai în România?
 f Iei un autobuz sau mergi pe jos?
 g El ia un taxi.

6 Translate these questions into Romanian and answer them using the negative form of the verb. Avoid using the pronouns.
 Example: *Is he going to the station?* **Merge la gară? Nu merge la gară.**
 a Are you going to the station?
 b Is he staying at the hotel?
 c Does she have a bus ticket?
 d Are they going by car?
 e Are you Romanian?
 f Are they students (m)?
 g Do you want a glass of wine?
 h Do you speak Romanian?
 i Is he going to the chemist's?
 j Are you taking the bus?

7 Translate the questions from Exercise 6 into Romanian using the pronouns.
 Example: (*a*) Tu/dumneata mergi Dvs./voi mergeți spre/la gară?

8 Use the verbs forms introduced in the unit in all persons without using the pronouns.
 Example: sunt englez, ești englez, este englez, suntem englezi, sunteți englezi, sunt englezi
 a am copii   c merg pe jos
 b stau la hotel d iau un autobuz

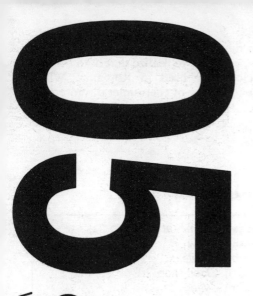

05

cât e ceasul?

what is the time?

In this unit you will learn
- how to distinguish the types of verb
- to use adjectives
- to count up to 1,000
- to tell the time
- the points of the compass

Before you start

In order to understand the time in response to the question **Cât e ceasul?** *What is the time?*, you have to realize that both the 12-hour and the 24-hour clock are used in Romania. When answering, place **ora** (*hour*) in front of the numeral. Note that **ora** is usually omitted.

Example: Cât e ceasul, vă rog?
Este (ora) zece.

▶ Key words and phrases

acasă	*home, at home*
acum	*now*
alb, albă, albi, albe	*white*
alimentară, alimentare (f)	*food shop*
an, ani (m)	*year*
atunci	*then*
autoritate, autorități (f)	*authority*
bolnav, bolnavă, bolnavi, bolnave	*ill*
cartier, cartiere (n)	*district*
ceas, ceasuri (n)	*hour, clock, wrist watch*
centru	*centre*
când	*when*
cu	*with*
dacă	*if*
deci	*therefore*
deschis, deschisă, deschiși, deschise	*open*
domnitor, domnitori (m)	*ruler*
a dori	*to want*
dulce, dulci	*sweet*
fără	*without*
film, filme (n)	*film*
frumos, frumoasă, frumoși, frumoase	*beautiful*
invadator, invadatori (m)	*invader*
împreună	*together*
încă	*yet, still*
închis, închisă, închiși, închise	*closed*
a întreba	*to ask*
jumătate, jumătăți (f)	*half*

litru, litri (m)	*litres*
a lucra	*to work*
magazin, magazine (n)	*shop*
mare, mari	*large, big, great*
măslină, măsline (f)	*olive*
a merge	*to go*
mic, mică, mici	*small*
moarte, morţi (f)	*death*
negru, neagră, negri, negre	*black*
obositor, obositoare, obositori, obositoare	*tired*
oră, ore (f)	*hour*
orez (n)	*rice*
papă, papi (m)	*Pope*
perioadă, perioade (f)	*period*
poveste, poveşti (f)	*story, tale*
prânz, prânzuri (n)	*lunch*
program, programe (n)	*programme*
provincie, provincii (f)	*province*
roşu, roşie, roşii	*red*
sec, seacă, seci	*dry*
sfert, sferturi (n)	*quarter*
stăpânire, stăpâniri (f)	*rule*
a şti	*to know*
turc, turci (m)	*Turk*
ţeapă, ţepi (f)	*stake, splinter*
ulei, uleiuri (n)	*oil*
a vedea	*to see*
verde, verzi	*green*
a vorbi	*to speak*
La ce oră?	*At what time?*
la prânz	*at lunch time*
peste tot	*everywhere*
Ce fel de?	*What kind of?*
cu mine	*with me*
cu tine	*with you*

Grammar

1 Types of verb

Romanian verbs are divided into four main types (called conjugations). They are classified according to the ending of their *to* forms, e.g. *to ask*, *to work*. These forms are known as infinitives.

In Romanian infinitives, **a** corresponds to *to*. Thus **a lucra** means *to work* and **a merge** means *to go*.

The endings of the four principal types of verb are: **-a, -ea, -e, -i**.

The first type, the most common, is that ending in **-a**:
a întreba *to ask*

The forms of the present tense are as follows:

întreb	*I ask*	**întrebăm**	*we ask*
întrebi	*you ask*	**întrebați**	*you ask*
întreabă	*he, she asks*	**întreabă**	*they ask*

A great many verbs of this type have endings with **-ez**:

a lucra *to work*

lucrez	*I work*	**lucrăm**	*we work*
lucrezi	*you work*	**lucrați**	*you work*
lucrează	*he, she, it works*	**lucrează**	*they work*

The second type, to which few verbs belong, ends in **-ea**:

a vedea *to see*

văd	*I see*	**vedem**	*we see*
vezi	*you see*	**vedeți**	*you see*
vede	*he, she, it sees*	**văd**	*they see*

A merge *to go*, introduced in this unit, belongs to the third type:

merg	*I go*	**mergem**	*we go*
mergi	*you go*	**mergeți**	*you go*
merge	*he, she, it goes*	**merg**	*they go*

The fourth type ends in **-i**. Most of the verbs of this type follow the pattern below:

a dori *to wish*

doresc	*I wish*	**dorim**	*we wish*
dorești	*you wish*	**doriți**	*you wish*
dorește	*he, she, it wishes*	**doresc**	*they wish*

Others, far fewer in number, are like the following:

a ști *to know*

știu	*I know*	**știm**	*we know*
știi	*you know*	**știți**	*you know*
știe	*he, she, it knows*	**știu**	*they know*

To help you remember the forms of the verbs it is useful to note that in the first type the forms for *he* and *they* are the same, e.g.

întreabă   *he asks, they ask*

and that in the other types the forms for *I* and *they* are the same, e.g.

văd   *I see, they see*
merg   *I go, they go*
doresc   *I wish, they wish*

2 Further uses of the present

In addition to those uses of the present tense listed in Unit 4 the present can also be used in Romanian to express the following:

a   the near future:
El merge mâine.   *He is going tomorrow, he'll go tomorrow.*

b   an action or state of being that occurred in the past and continues up to the present. When used in this way the amount of time that has passed is preceded by **de**.

Stăm aici de cinci ani.   *We have been living here for five years.*
Sunt bolnav de trei zile. *I have been ill for three days.*

3 Adjectives

An adjective is a word that describes a noun, indicating its quality, size, colour, etc. Thus in the phrase *'a big, red car'* the words *big* and *red* are adjectives. In English, the adjective precedes the noun whereas in Romanian it usually follows, although there are exceptions.

Romanian, unlike English, requires the adjective to adapt its form to that of the noun. As you saw in Units 2 and 3, Romanian nouns are classified according to whether they are masculine, feminine or neuter and indicate the plural by adding a variety of endings. Romanian adjectives behave in the same way. To help you use the correct form here are a few tips.

a   In the singular, most adjectives have a common form for masculine and neuter nouns, and a separate form for feminine ones.

b   In the plural, adjectives may have one form for masculine nouns and a common form for feminine and neuter nouns, or a common form for all three genders.

c   Most Romanian adjectives have four forms:

	m	**f**	**n**
singular	alb	albă	alb
plural	albi	albe	albe

Examples: un câine alb, o pâine albă, un vin alb.

d   Others have three forms:

	m	**f**	**n**
singular	mic	mică	mic
plural	mici	mici	mici

	m	**f**	**n**
singular	sec	seacă	sec
plural	seci	seci	seci

singular	obositor	obositoare	obositor
plural	obositori	obositoare	obositoare

Note that this type ending in -tor, which is generally derived from a verb, has a common form for feminine singular and feminine plural.

Examples:

un pește **mic**	*a small fish*
pești **mici**	*small fishes*
o alimentară **mică**	*a small food shop*
alimentare **mici**	*small food shops*
un program **obositor**	*a tiring programme*
programe **obositoare**	*tiring programmes*
un vin **sec**	*a dry wine*
vinuri **seci**	*dry wines*

e   Yet others have two forms:

	m	**f**	**n**
singular	mare	mare	mare
plural	mari	mari	mari

	m	**f**	**n**
singular	dulce	dulce	dulce
plural	dulci	dulci	dulci

Examples:

o fată **dulce**	*a sweet girl*
fete **dulci**	*sweet girls*
o mașină **mare**	*a large car*
mașini **mari**	*large cars*
un cartier **mare**	*a large borough*
cartiere **mari**	*large boroughs*

4 More numbers

a The numbers from 21 to 30:

21	douăzeci şi unu or douăzeci şi una
22	douăzeci şi doi or douăzeci şi două
23	douăzeci şi trei
24	douăzeci şi patru
25	douăzeci şi cinci
26	douăzeci şi şase
27	douăzeci şi şapte
28	douăzeci şi opt
29	douăzeci şi nouă
30	treizeci

b The numbers up to 100 follow the same pattern, the multiples of ten from 40 to 90 are as follows:

40	patruzeci
50	cincizeci
60	şaizeci
70	şaptezeci
80	optzeci
90	nouăzeci

Examples:

35	treizeci şi cinci	73	şaptezeci şi trei
47	patruzeci şi şapte	99	nouăzeci şi nouă
54	cincizeci şi patru		

c The numbers from 100 are:

100	o sută
200	două sute
300	trei sute, etc.
1,000	o mie
2,000	două mii
3,000	trei mii
1,000,000	un milion
2,000,000	două milioane

Here are several more examples:

201	două sute unu, două sute una
114	o sută paisprezece
365	trei sute şaizeci şi cinci
1,992	o mie nouă sute nouăzeci şi doi
12,353	douăsprezece mii trei sute cincizeci şi trei

d Don't forget that from 20 upwards **de** is used to link the numbers to a noun:

treizeci de lei	30 lei (currency)
o sută de kilometri	100 kilometres
două sute cincizeci de kilograme	250 kilos
douăzeci de mii de oameni	20,000 people
cinci milioane de dolari	5 million dollars
trei miliarde de lire sterline	3 billion pounds

e   When expressing years, e.g. 1992, Romanian uses the formula *one thousand nine hundred ninety-two*: **o mie nouă sute nouăzeci şi doi**; *two thousand three, 2003*: **două mii trei.**

f   In Romanian, a comma is used where a decimal point is found in English, e.g. **3,4** *3.4*. A full stop is used to distinguish thousands, e.g. **4.300** *4,300*.

5 Telling the time

As you saw at the beginning of this unit, you place **ora** in front of the numeral to express the time in Romanian:

  este ora patru   *it is four o'clock*

Ora is often omitted and **este** reduce to **e.**

e patru	*it's four*
e cinci	*it's five*
e cinci şi zece	*it's ten minutes past five*
e cinci şi un sfert	*it's a quarter past five*
e cinci şi jumătate	*it's half past five*
e şase fără un sfert	*it's a quarter to six*
e şase fără zece	*it's ten to six*

Note that **e cinci şi jumătate** is commonly reduced in conversation to **e cinci jumate** and that **unu, două** and **douăsprezece** are used respectively for *one, two* and *12*.

e unu	*it's one (o'clock)*
e două fix	*it's precisely two*
la două	*at two*
până la două	*by two, until two*
pe la unu	*about one*

i Vlad Dracula and other rulers

Little in their history has given the Romanians cause for celebration. They frequently suffered at the hands of a succession of invaders (**invadatori**) and have lived for long periods under foreign rule (**stăpânire**). About the year 1000 Transylvania was conquered by the King of Hungary and, except for a brief period (**perioadă**) in the sixteenth century, remained under Hungarian control (**autoritate**) until

1918. Moldavia and Wallachia were created in the 1400s and both were ruled by Romanian princes (**domnitori**). The best known of these are remembered by the Romanians for their attempts to defend their domains against invaders from the north (**nord**) and south (**sud**) such as the Poles (**polonezi**) and Turks (**turci**). Stephen the Great (**Ştefan cel Mare**), Prince of Moldavia, defeated the Turks on several occasions and managed to keep Moldavia independent until his death (**moarte**) in 1504. In recognition of his exploits Stephen was called *The Athlete of Christ* by the Pope (**papă**).

The most celebrated or, rather, notorious ruler of Wallachia is Vlad Dracula the Impaler (**Vlad Ţepeş**). Like his contemporary Stephen the Great, he fought against the Turks to keep Wallachia independent. Contemporaries wrote of his extreme cruelty towards prisoners, whom he punished by impaling them on wooden stakes. His notoriety led the nineteenth-century novelist Bram Stoker to borrow the name of Dracula for the principal character in his horror story of the same name.

6 Points of the compass

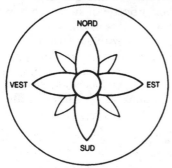

la sud de Londra *to the south of London*; **la nord de Bucureşti** *to the north of Bucharest.*

▶ Dialogue

George asks Ion about how and when to buy some food.

George Ştii când este deschisă o alimentară în centru?
Ion Între opt dimineaţa şi opt seara. Ai nevoie de ceva?
George Da, vreau un litru de ulei, jumătate de kilogram de orez, un sfert de kilogram de măsline şi vin.
Ion Ce fel de vin, sec sau dulce?
George Vin roşu sec şi vin alb dulce.
Ion Şi măsline negre sau verzi?
George Măsline negre în ulei.
Ion La ce oră mergi la alimentară?
George Lucrez acasă între nouă şi douăsprezece, deci sunt liber la

prânz.

Ion	Cât e ceasul, te rog?
George	E opt şi un sfert. De ce?
Ion	Dacă ai timp acum, mergem împreună.
George	Am timp până la nouă. Să mergem!

> **să mergem**   *let's go*

Exercises

1 Listen to, or read, the dialogue again and write down the times mentioned.

2 True or false?
   a George asks when the grocer's closes.
   b Ion says it closes at 9pm.
   c George is working between 9am and 12am.
   d George would like to buy a bottle of sweet white wine.
   e George wants to buy black olives in oil.
   f George will go to the grocer's with his friend.
   g Ion tells George that it is 10.30am.

3 Fill in the right time:

opt fără un sfert   **şapte şi douăzeci şi cinci**   **unu jumate**

două şi un sfert   **trei şi zece**   **douăsprezece fără douăzeci**

4 Complete the blanks.
a Ion vorb ——— cu tine.
b Eu nu şti ——— cât e ceasul.
c El nu lucr ——— ?
d Dumneavoastră întreb ——— unde este o alimentară.
e Tu ie ——— autobuzul.
f Câte ore lucr ——— dumneavoastră?
g Ei şti ——— cât costă o sticlă cu vin.
h Noi dor ——— un litru de ulei.
i Dumneavoastră ved ——— o staţie de metrou?
j Noi merg ——— împreună.
k Eu lucr ——— opt ore.
l Ele vorb ——— mult.

5 Find out in the puzzle whether the restaurant is open or closed, and between which hours:

şeptşaiesoîechsîrensit

6 Match the words in both columns:

(*i*)   unde   a vorbeşte ea?
(*ii*) cât   b ore lucraţi?
(*iii*) cu cine   c ceasul?
(*iv*) ştiţi   d costă un kilogram de măsline?
(*v*)   câte   e lucraţi?
(*vi*) cât este   f este o alimentară?

7 Complete the blanks with the correct form of the adjectives **bun, mare, mic, sec, dulce, obositor**. Use as many adjectives as possible.
a Este un program _____.
b Vreţi o cafea _____?
c Sunt băieţi _____.
d Ion vrea măsline _____.
e Doriţi o sticlă cu vin _____?
f Vorbesc cu o doamnă _____.

▶ 8 Translate into Romanian, writing down the figures in letters:
a This costs 265.000 lei.
b There are 100 km between Bucharest and Piteşti.
c George has 1.900.000 lei.
d Ion works 40 hours.
e The car costs 16.000.000 lei.
f I need 835.000 lei.

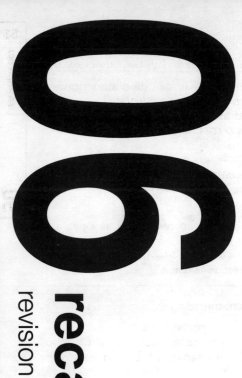

06
recapitulare
revision

▶ 1 On the recording you will hear George counting money. Write down in figures each of the amounts mentioned. If you do not have the recording write in full the numerals 20, 30 and so on to 100.

▶ 2 Formulate questions to match these answers:
a Vreau o cafea şi o bere rece.
b Nu avem aspirine, îmi pare rău.
c Asta costă 96 de lei.*
d Mă numesc Ion Georgescu.
e Nu suntem români, suntem englezi.
f Avem doi copii.
g Stăm aici o săptămână.
h Luaţi tichete de la chioşc.
i Merg cu autobuzul.

3 Using the 24-hour clock write the following down in letters: 12.15 am, 17.45, 13.30, 14.50, 20.20, 22.00.

4 Provide all the information you can about yourself.
   Example: mă numesc Ana, sunt studentă, am douăzeci de ani.

5 Ask for directions to get from position 1 to a chemist's shop and a grocer's, and from position 2 to a tube station and a hotel.
   Example: Cum merg spre o farmacie?

6 Using the map here answer the questions put in Exercise 5.

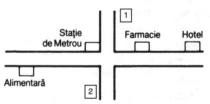

7 Translate into English:
   Mă numesc John Smith. Sunt englez. Sunt căsătorit şi am doi copii, o fată şi un băiat. Nu vorbesc bine româneşte. Stau în România două sau trei săptămâni. Dumneavoastră cum vă numiţi? Aveţi copii?

*Given the ravages of inflation in Romania, prices have changed – and continue to change – substantially. It has not always been possible to reflect these changes in the texts and dialogues.

▶ **8** Translate into Romanian:

Where do we catch a bus for the station, please? We need bus tickets. Where can we get tickets from? We do not have time to queue up. Can we go on foot? How long will it take us to get to the station if we go on foot?

9 Find the words which introduce the following questions:
  a copii aveți?
  b este o stație de metrou?
  c este deschisă alimentara?
  d e ceasul, vă rog?
  e stații sunt până la gară?

10 Answer the questions following the example:
Example: Vorbiți românește? Da, vorbesc.
  a Vorbiți românește? Da, _____
  b Ești englez? Da, _____
  c Mergi la Cluj? Da, _____
  d Știți cât e ceasul? Da, _____
  e Lucrați acum? Da, _____
  f Vezi un taxi? Da, _____
  g Vrei o cafea? Da, _____
  h Ai mașină? Da, _____

11 Use **nu** to answer the questions.
Example: Stai mult? Nu, nu stau mult.
  a Stai mult? Nu, nu _____
  b Costă 200 de lei? Nu, nu _____
  c Ai copii? Nu, nu _____
  d Mergi cu autobuzul? Nu, nu _____
  e Ai un telefon? Nu, nu _____
  f Luați tichete de la chioșc? Nu, nu _____
  g Vă numiți Ion? Nu, nu _____
  h Lucrați până la ora 6? Nu, nu _____

07

căutând cameră la hotel

finding somewhere to stay

In this unit you will learn
- to say *the* in Romanian
- to address people
- to use reflexive verbs
- to use the subjunctive
- to say *also*, *still*, *another*

Before you start

In Romania, you will see many signs sayiing **De închiriat** meaning *to rent, to let, to hire*. You can rent cars, houses, and flats. In the newspapers you'll find advertisements offering different things for hire or for rent. **Example: De închiriat: apartament cu două camere, central.** *To let: two-room flat, centrally situated.*

▶ Key words and phrases

agenție, agenții (f)	*agency*
apartament, apartamente (n)	*flat, apartment*
cald, caldă, calzi, calde	*warm*
a căuta	*to look for*
a cere	*to ask*
cinema (n)	*cinema*
comod, comodă, comozi, comode	*comfortable*
convenabil, convenabilă, convenabili, convenabile	*convenient, suitable*
a cumpăra	*to buy*
dar	*but*
degeaba	*in vain*
direct	*directly*
a se duce	*to go*
duș, dușuri (n)	*shower*
film, filme (n)	*film*
frig (n)	*cold*
garaj, garaje (n)	*garage*
a găsi	*to find*
ieftin, ieftină, ieftini, ieftine	*cheap*
incomod, incomodă, incomozi, incomode	*inconvenient*
a închiria	*to hire, to rent, to let*
lift, lifturi (n)	*lift*
mai	*still, in addition*
mamă, mame (f)	*mother*
a parca	*to park*
președinte, președinți (m)	*president*
recepționer, recepționeri (m)	*receptionist*
recepționeră, recepționere (f)	*receptionist*
a repara	*to repair*
scump, scumpă, scumpi, scumpe	*expensive, dear (affectionate)*

a se spăla	*to wash*
special, specială, speciali, speciale	*special*
stricat, stricată, stricați, stricate	*damaged, out of order*
și	*and, also, too*
știi cumva	*do you know by chance?*
tată, tați (m)	*father*
tot	*also, still, continuously*
a trebui	*to have to*
a se uita (la)	*to look (at)*
a vrea	*to want*
ziar, ziare (n)	*daily newspaper*
chiar dacă	*even if*
destul de	*fairly*
de închiriat	*to let*
mai ușor	*easier*
merge	*it works*
mica publicitate	*small ads*
pentru că	*because*

Grammar

1 'The'

In Unit 2, you were introduced to **un** and **o** (*a* or *an*). Grammatically speaking, *a* and *an* are known as indefinite articles. *The* is called the definite article. Unlike in English, or in most European languages, there isn't a separate word for *the* in Romanian; *the* is expressed by adding an ending to the noun and this ending changes to indicate whether the noun is singular or plural, masculine, feminine or neuter.

Adopting the pattern of presentation of *a* forms in Units 2 and 3, we can classify the *the* forms of the Romanian noun as follows:

a   masculine nouns ending in a consonant:

     românul   *the Romanian*
     românii   *the Romanians*

b   masculine nouns ending in a vowel:

câinele	*the dog*	metrul	*the metre*
câinii	*the dogs*	metrii	*the metres*
leul	*the lion (unit of currency)*		
leii	*the lions (units of currency)*		

Note:

tatăl	*the father*
tații	*the fathers*

c feminine nouns ending in -ă:

sticla	*the bottle*
sticlele	*the bottles*

d feminine nouns ending in -e:

berea	*the beer*
berile	*the beers*

e feminine nouns ending in -ură:

prăjitura	*the tea cake*
prăjiturile	*the tea cakes*

f feminine nouns ending in -ie:

cofetăria	*the coffee house*
cofetăriile	*the coffee houses*

g feminine nouns ending in -ea:

cafeaua	*the coffee*
cafelele	*the coffees*

h neuter nouns ending in a consonant:

biletul	*the ticket*	trenul	*the train*
biletele	*the tickets*	trenurile	*the trains*

i neuter nouns ending in a vowel:

taxiul	*the taxi*	biroul	*the office*
taxiurile	*the taxis*	birourile	*the offices*

Some further observations about *the* in Romanian: As pointed out in Unit 4 words indicating position or direction like **pe** or **spre** do not require a form for *the*. Thus **pe stradă** means *on the street*. However, there is one exception: **cu** meaning *with* or *by* can be followed by a noun expressing *the*. Thus in the dialogue you will see the example **cu recepționera** *with the receptionist*. Compare:

Sunt la hotel, în cameră.	*I am at the hotel in my room.*
Suntem la poștă, la coadă.	*We are at the post office, in a queue.*
Ea este la bazin.	*She is at the swimming pool.*

with: **Plecăm cu mașina.**	*We are leaving by car.*
Mergem cu metroul.	*We are going on the underground.*

However, words like **pe** and **spre** do require the *the* form when the noun is qualified:

sunt la hotel	*becomes*	sunt la hotel**ul** Bucureşti
este în cameră		este în camera 502
plecăm la poştă		plecăm la poş**ta centrală**

2 Addressing people

When referring to a person by name or title, e.g. *Mr Popescu, Mrs Popescu, Miss Popescu, Dr Popescu, President Popescu*, the *the* forms of the title are used:

domnul Popescu **doamna** Popescu **domnişoara** Popescu
doctorul Popescu **preşedintele** Popescu

However, when you call out to them, or summon them, or simply address them in the street a form of the noun called the vocative is used. In Unit 1 you met **domnule Porter doamnă Enescu**, which are vocative forms. You will see that male titles receive the ending **-e** and some female titles **-ă**.

Here are some more examples of male titles:

	Nicu	becomes		**Nicule!**	*Nick!*
	Radu	becomes		**Radule!**	*Radu!*
	Dan	becomes		**Dane!**	*Dan!*
but	**Mihai**	remains		**Mihai!**	*Michael!*
	domnul	becomes	either	**domnule!**	*Sir!*
			or	**doamne!**	*Lord!*

domnule profesor! rather than *profesore!*
domnule doctor! rather than *doctore!*

Note the unusual: **Tată!** *Dad!*

With feminine names either the indefinite form is used as in the following:

doamnă Enescu!	*Mrs Enescu!*
mamă!	*mum!, mother!*
doamnă doctor!	
doamnă profesor!	

or **-a** and **-o** can be used instead of **-ă**:

Ana! = Ano!	*Ann!*
Elena! = Eleno!	*Helen!*
Maria! = Mario!	*Maria!*

In the plural we may find either:

      băieți! or **băieților!**   *lads!*

      copii!   or **copiilor!**   *children!*

but simply:

      doamnelor și domnilor!   *ladies and gentlemen!*

3 Reflexive verbs

A reflexive verb expresses an action that is turned back upon the subject, e.g. *I wash myself*. *Myself* is called a reflexive pronoun in English. The equivalent phrase in Romanian is **mă spăl**. **Mă** means *myself*.

We have already used some reflexive forms in Unit 3: **Mă numesc** *my name is* can also be translated as *I call myself*. Similarly, **cum vă numiți?** *what is your name?* has the additional meaning of *what do you call yourself?*

a A reflexive verb in Romanian is made up of the verb preceded by the required form of the reflexive pronouns. The reflexive pronouns in Romanian are:

mă	*myself*	**ne**	*ourselves*
te	*yourself*	**vă**	*yourselves, yourself*
se	*himself, herself, itself*	**se**	*themselves*

It is the form **se** that appears in the *to* form of all reflexive verbs. Thus *to wash oneself* is **a se spăla**.

b You must take care to use the appropriate reflexive pronoun, the one that matches *I*, *you*, *he*, *she*, *it*, *we* and *they*. You already know these forms in Romanian from Unit 4. Here they are again, beside the reflexive pronouns:

eu mă	**noi ne**
tu te	**voi (dumneavoastră) vă**
el se	**ei se**
ea se	**ele se**

Note that **el, ea, ei, ele** all take the same reflexive form **se**.

c In many instances a verb that is reflexive in Romanian is also reflexive in English: **a se spăla** *to wash oneself* is an example. Here are its forms:

a se spăla

mă spăl	*I wash myself*	**ne spălăm**	*we wash ourselves*
te speli	*you wash yourself*	**vă spălați**	*you wash yourselves*
se spală	*he/she washes himself/herself*	**se spală**	*they wash themselves*

d There are, however, several exceptions. In this unit we shall meet two verbs which are reflexive in Romanian but not in English. They are: **a se duce** *to go* and **a se uita** *to look*.

A se uita belongs to the first type of verb ending in -a:

mă uit	*I look*	**ne uităm**	*we look*
te uiți	*you look*	**vă uitați**	*you look*
se uită	*he, she, it looks*	**se uită**	*they look*

A se duce belongs to the third type of verb ending in -e:

mă duc	*I go*	**ne ducem**	*we go*
te duci	*you go*	**vă duceți**	*you go*
se duce	*he, she, it goes*	**se duc**	*they go*

e Common reflexive phrases.

Cum se spune? = Cum spunem?	*How do we say?*
Cum se traduce? = Cum traducem?	*How do we translate?*
Cum se scrie? = Cum scriem?	*How do we write?*
Cum se cere? = Cum cerem?	*How do we ask for?*

4 The subjunctive

In Romanian a special form of the verb is used in the third person in phrases which are linked by the word **să**. In most cases **să** is translated in English by *to*. This special form of the verb is known technically as the subjunctive and it differs from the non-subjunctive (so-called indicative) forms which you have met up to now only in the third person. Here are some examples. Note that the special form only occurs when preceded by **să** and that it is identical in the singular and plural:

el are	*he has*	**el vrea *să* aibă**	*he wants to have*
ei au	*they have*	**ei vor *să* aibă**	*they want to have*
el întreabă	*he asks*	**el vrea *să* întrebe**	*he wants to ask*
ei întreabă	*they ask*	**ei vor *să* întrebe**	*they want to ask*

el lucrează	*he works*	el vrea *să* lucreze	*he wants to work*
ei lucrează	*they work*	ei vor *să* lucreze	*they want to work*
el vede	*he sees*	el vrea *să* vadă	*he wants to see*
ei văd	*they see*	ei vor *să* vadă	*they want to see*
el merge	*he goes*	el vrea *să* meargă	*he wants to go*
ei merg	*they go*	ei vor *să* meargă	*they want to go*
el ştie	*he knows*	el vrea *să* ştie	*he wants to know*
ei ştiu	*they know*	ei vor *să* ştie	*they want to know*
el citeşte	*he reads*	el vrea *să* citească	*he wants to read*
ei citesc	*they read*	ei vor *să* citească	*they want to read*

a   Unlike any other verb **a fi** *to be* has a complete set of special
forms when preceded by **să**:

vreau *să* fiu	*I want to be*	vrem *să* fim	*we want to be*
vrei *să* fii	*you want to be*	vreţi *să* fiţi	*you want to be*
vrea *să* fie	*he wants to be*	vor *să* fie	*they want to be*

Note also the forms of the verb **a vrea** *to want*.

b   Certain verbs are usually followed by **să**. Two of the most
common are **a trebui** *to have to, must* and **a putea** *to be able to*.
In the present tense **a trebui** has a single form:

trebuie *să* găsesc	*I must find*	trebuie *să* găsim	*we must find*
trebuie *să* găseşti	*you must find*	trebuie *să* găsiţi	*you must find*
trebuie *să* găsească	*he must find*	trebuie *să* găsească	*they must find*
pot *să* găsesc	*I can find*	putem *să* găsim	*we can find*
poţi *să* găseşti	*you can find*	puteţi *să* găsiţi	*you can find*
poate *să* găsească	*he can find*	pot *să* găsească	*they can find*

c   A number of expressions are followed by **să**:

E mai uşor să închiriez o maşină.	*It is easier (for me) to hire a car.*
E mai comod să mergem pe jos.	*It is more convenient (for us) to go on foot.*

5 'Mai', 'și', 'tot'

You have already met **mai** with its meaning of *more* and **și** with its meaning of *and*. Both are commonly used in everyday speech with other meanings. Below are some examples. Note their position in Romanian. It does not often correspond to its equivalent in English.

Mai vreți o cafea?	*Do you want another cup of coffee?*
Mai stați aici?	*Are you going to stay any longer?*
George se mai uită la film.	*George is still watching the film.*
Ana merge la cinema. Și George merge.	*Ann is going to the cinema. George is going too.*
Și George și Ana merg la cinema.	*Both George and Ann are going to the cinema.*

Tot can mean *too*, *still* or *continuously*.

Ana merge tot la cinema.	*Ann is going to the cinema too.*
Ana tot merge la cinema.	*Ann keeps going to the cinema.*
Ana tot nu vorbește englezește.	*Ann still doesn't speak English.*

ℹ️ From Michael the Brave to Carol I

One of the figures of history whom the Romanians celebrate is Michael the Brave (**Mihai Viteazul**) who for the briefest of periods at the beginning of the seventeenth century brought all Romanians together under one ruler. After he came to the throne of Wallachia in 1593 Michael rose against the Turks and defeated them in the same year. Following this success Michael crossed the Carpathian mountains (**munții Carpați**) into Transylvania, defeated its Hungarian prince, and entered the capital Alba Iulia in 1600 as the ruler of Wallachia, Moldavia and Transylvania. This was the first time that the Romanians in all three provinces were nominally united, but the union was shortlived. In 1601 Michael was murdered and each of the three provinces reverted to separate rule.

In 1812 the eastern half of Moldavia, with its mainly Romanian population, was annexed by the Tsar of Russia and renamed Bessarabia (**Basarabia**). It remained under Russian rule until 1918. In 1859 the rump of Moldavia and Wallachia were united and were given the name Romania. In 1878 the province of Dobrogea (**Dobrogea**) on the Black Sea, which in the fifteenth century had been captured by the Turks and which had many Romanian inhabitants, was surrendered to Romania after a war (**război**) between the Turks and the joint armies of Russia and Romania. This expansion of Romania was literally crowned three years later by the coronation of Charles, a German prince, as Carol I, the first King of Romania.

▶ Dialogue

George can't stay at the hotel much longer and he wants to find a flat to rent but he doesn't know how to go about it.

George	Trebuie să caut un apartament. Nu mai vreau să stau la hotel.
Ana	De ce? E scump?
George	Da, e foarte scump.
Ana	Dar e comod să stai la hotel.
George	Nu este comod: liftul nu merge, duşul e stricat ...
Ana	Trebuie să ceri să repare liftul şi duşul. De ce nu vorbeşti cu recepţionera?
George	Degeaba! Şi nu este un autobuz direct spre centru.
Ana	N-ai maşină?
George	Nu am. Ştii cumva unde pot să găsesc apartament şi maşină de închiriat?
Ana	Poţi să găseşti ceva convenabil în ziar, la mica publicitate.
George	Dar n-am timp să caut.
Ana	Atunci e mai uşor să mergi la o agenţie.

Exercises

1 Listen to the dialogue and answer the following questions. If you do not have the recording refer to the text.
   a   Why does George want to move from the hotel?
   b   What does Ana suggest he do to improve things?
   c   What is George intent on doing?
   d   Where does Ana tell George to look for a flat?

2 True or false?
   a   George is looking for a house.
   b   The room in the hotel is cheap.
   c   There is not a direct bus to the centre of town.
   d   The shower does not work.
   e   George wants to rent a car and nothing else.

3 Write the form with *the* in Romanian for each noun.
   Example: bilet, biletul.

a   bilet
b   sticlă
c   taxi
d   câine
e   cofetării

f   cafele
g   lei
h   duşuri
i   maşini
j   domn

4 Write the singular *the* form in Romanian for each noun.
Example: munţii, muntele.

a   munţii
b   centrele
c   cofetăriile
d   englezii
e   oraşele

f   autobuzele
g   apartamentele
h   străzile
i   hotelurile
j   agenţiile

5 Translate into English:

a   Trebuie să găsim un apartament şi o maşină de închiriat.
b   Este prea cald să mergem pe jos.
c   Ei nu mai vor să stea la hotel şi vor să găsească un apartament.
d   Liftul şi duşul sunt stricate şi trebuie să vorbim cu recepţionera.
e   Unde pot să parchez maşina?
f   Casa are garaj?
g   Hotelul este prea scump.
h   Vreau să cer să repare duşul.

6 Supply the required subjunctive forms of the verbs in brackets.
Example: nu mai vrea să stea.

a   George nu mai vrea să _____ la hotel (**a sta**).
b   Vor să _____ ceva ieftin (**a găsi**).
c   E mai comod pentru tine să _____ un apartament (**a închiria**).
d   El trebuie să _____ un ziar (**a lua**).
e   Unde poate să _____ o agenţie? (**a fi**).
f   Dumneavoastră trebuie să _____ liftul (**a repara**).
g   Puteţi să _____ pe jos (**a merge**).
h   Vrem să _____ o maşină (**a cumpăra**).

▶ **7** Translate into English:

a   Mai aveţi timp să reparaţi şi liftul?
b   Mergeţi tot pe jos?
c   Şi el vine la hotel.
d   Ei tot nu vorbesc bine englezeşte.

   e   Nu mai pot să stau la coadă la bilete.

   f   Şi dumneavoastră vreţi să vă uitaţi la mica publicitate?

   g   Mai doriţi o cafea?

   h   Mai vrei să te duci acolo?

8 Translate into Romanian:

   a   I can go with you.

   b   They can work between 8.30am and 3pm.

   c   We can speak with him.

   d   You can take the bus from the hotel.

   e   He can ask where there is a taxi rank.

   f   You can stay at the hotel.

9 Fill in the blanks using the correct form of the reflexive pronoun.

   Example: Eu mă duc la hotel.

   a   Eu _____ duc la hotel.

   b   Tu unde _____ duci?

   c   Vrem să _____ ducem la restaurant.

   d   _____ duceţi acolo cu maşina?

   e   Ei unde trebuie să _____ ducă?

   f   Vlad _____ uită la televizor.

   g   _____ uit la ei.

10 Convert the following and answer the questions.

   Example: Unde este un restaurant? Unde este restaurantul?

   a   Unde este un restaurant?

   b   Unde este un magazin?

   c   Unde este o berărie?

   d   Unde este o farmacie?

   e   Unde este o staţie de metrou?

   f   Unde este un hotel?

   g   Unde este un ziar?

   h   Unde este un taxi?

08

planuri de viitor
planning ahead

In this unit you will learn
- to use the future tense
- the *to* and *of* forms of nouns
- the days of the week and the months
- how to say *in* and *at*

Before you start

Note that the days of the week are feminine, but that the months, despite their appearance, are masculine.

Example: un septembrie frumos, un octombrie superb *a beautiful September, a superb October.*

▶ Key words and phrases

afacere, afaceri (f)	*business*
aseară	*yesterday evening*
august (m)	*August*
coleg, colegă, colegi, colege	*colleague*
cale ferată, căi ferate (f)	*railway*
a crede	*to believe*
a da	*to give*
dimineață, dimineți (f)	*morning*
duminică (f)	*Sunday*
expoziție, expoziții (f)	*exhibition*
februarie (m)	*February*
greu, grea, grei, grele	*heavy, difficult*
idee, idei (f)	*idea*
ieri	*yesterday*
joi (f)	*Thursday*
liber, liberă, liberi, libere	*free, vacant*
lung, lungă, lungi, lungi	*long*
luni (f)	*Monday*
mare, mări (f)	*sea*
martie (m)	*March*
marți (f)	*Tuesday*
miercuri (f)	*Wednesday*
munte, munți (m)	*mountain*
muzeu, muzee (n)	*museum*
niște	*some*
noapte, nopți (f)	*night*
pachet, pachete (n)	*packet, parcel*
partener, parteneri (m)	*partner*
parteneră, partenere (f)	*partner*
pământ, pământuri (n)	*earth*
plimbare, plimbări (f)	*walk*
preț, prețuri (n)	*price*
prieten, prieteni (m)	*friend*

prin	*through*
răcoare (f)	*coolness*
război, războaie (n)	*war*
săptămână, săptămâni (f)	*week*
a scrie	*to write*
scrisoare, scrisori (f)	*letter*
seară, seri (f)	*evening*
sfârșit, sfârșituri (n)	*end*
sâmbătă (f)	*Saturday*
spital, spitale (n)	*hospital*
școală, școli (f)	*school*
telefon, telefoane (n)	*telephone, telephone call*
timbru (n)	*stamp*
trecut, trecută, trecuți, trecute	*past, last*
a trimite	*to send*
următor, următoare, următori, următoare	*following*
viitor, viitoare, viitori, viitoare	*future, next*
vineri (f)	*Friday*
a avea de gând să	*to intend to, to think of (doing)*
a avea dreptate	*to be right*
a da un telefon	*to make a telephone call*
în străinătate	*abroad*
a merge la mare	*to go to the seaside*
a merge la munte	*to go to the mountains*

MAI 2003	MAI 2003
19 luni	23 vineri
20 marți	24 sâmbătă
21 miercuri	25 duminică
22 joi	

Grammar

1 The future

In Unit 5, you saw that the present tense could be used in Romanian to express the near future: **ea merge mâine** *she is going tomorrow, she'll go tomorrow.*

Future time, however, even the near future, is more commonly expressed in everyday speech by using the verb forms with **să** which you met in the previous unit preceded by **o** which does not change. Here are examples using the verb types seen previously.

o să întreb	*I will ask*	o să întrebăm	*we will ask*
o să întrebi	*you will ask*	o să întrebați	*you will ask*
o să întrebe	*he, she will ask*	o să întrebe	*they will ask*
o să lucrez	*I will work*	o să lucrăm	*we will work*
o să lucrezi	*you will work*	o să lucrați	*you will work*
o să lucreze	*he, she will work*	o să lucreze	*they will work*
o să văd	*I will see*	o să vedem	*we will see*
o să vezi	*you will see*	o să vedeți	*you will see*
o să vadă	*he, she will see*	o să vadă	*they will see*
o să merg	*I will go*	o să mergem	*we will go*
o să mergi	*you will go*	o să mergeți	*you will go*
o să meargă	*he, she will go*	o să meargă	*they will go*
o să știu	*I will know*	o să știm	*we will know*
o să știi	*you will know*	o să știți	*you will know*
o să știe	*he, she will know*	o să știe	*they will know*
o să citesc	*I will read*	o să citim	*we will read*
o să citești	*you will read*	o să citiți	*you will read*
o să citească	*he, she will read*	o să citească	*they will read*

2 'To a', 'of a'

In Unit 2, you met **un** and **o** to express *a* or *an*. When you want to indicate *to a*, as in *I give to a Romanian* or *of a* as in *the car of a Romanian woman*, *a Romanian woman's car* the forms of **un** and **o** change respectively to **unui** and **unei**:

> **unui român**   *to/of a Romanian*
> **unei românce**   *to/of a Romanian woman*

However, note that while the form of **român** remains unchanged cf. **un român** *a Romanian*, that of **românce** has modified cf. **o româncă** *a Romanian woman*, and is in fact the same as the plural form (**românce** also means *Romanian* *women*). To help you use the correct feminine form of the noun with **unei** just remember that it is always the same as the plural.

To indicate *of* or *to* with plural nouns both **un** and **o** change to the same form **unor**:

unor **români**	*to/of (some) Romanians*
unor **românce**	*to/of (some) Romanian women*

Romanian, instead of using two words *to a, of a,* as in English, indicates these meanings by changing the endings of **un** and **o**. Here are some examples with, for comparison, the **un** and **o** forms.

a Masculine nouns

un **câine**	*a dog*
unui **câine**	*to/of a dog*
unor **câini**	*to/of (some) dogs*
un **prieten**	*a friend*
unui **prieten**	*to/of a friend*
unor **prieteni**	*to/of (some) friends*

b Feminine nouns

o **maşină**	*a car*
unei **maşini**	*to/of a car*
unor **maşini**	*to/of (some) cars*
o **carte**	*a book*
unei **cărţi**	*to/of a book*
unor **cărţi**	*to/of (some) books*
o **cofetărie**	*a coffee shop*
unei **cofetării**	*to/of a coffee shop*
unor **cofetării**	*to/of (some) coffee shops*
o **cafea**	*a coffee*
unei **cafele**	*to/of coffee*
unor **cafele**	*to/of (some) cups of coffee*

c Neuter nouns

un **tren**	*a train*
unui **tren**	*to/of a train*
unor **trenuri**	*to/of (some) trains*
un **fotoliu**	*an armchair*
unui **fotoliu**	*of/to an armchair*
unor **fotolii**	*of/to (some) armchairs*

In the above examples you have seen that the form **unor** can mean *of/to some* thing or another. There is no special form of un or o for just *some*; instead the word **niște**, which remains invariable, is used e.g. **niște fotolii** *some armchairs*.

d Uses of the *to* and *of* forms

The *to* forms are most commonly found in use with verbs such as *to give to*, *to send to*, *to write to*:

Dau bani unui prieten.	*I am giving money to a friend.*
Trimitem un pachet unor colegi.	*We are sending a packet to some colleagues.*
De ce nu scrii unei prietene?	*Why don't you write to a girl friend?*

The *of* forms also denote possession:

cărțile unor studenți	*the books of some students*
mașina unei studente	*a student's car*
prețul unei beri	*the price of a beer*

e Adjectives

As pointed out in Unit 5 (page 45), Romanian requires adjectives to adapt their forms to those of the noun. And so just as the endings of nouns change to indicate the *to* and *of* forms, so too do those of adjectives accompanying the nouns. Study these examples of adjectives used with the nouns given above:

Masculine

un câine mare	*a big dog*
unui câine mare	*to/of a big dog*
unor câini mari	*to/of (some) big dogs*
un prieten bun	*a good friend*
unui prieten bun	*to/of a good friend*
unor prieteni buni	*to/of (some) good friends*
un copil obositor	*a tiring child*
unui copil obositor	*to/of a tiring child*
unor copii obositori	*to/of (some) tiring children*

Feminine

o mașină mare	*a big car*
unei mașini mari	*to/of a big car*
unor mașini mari	*to/of (some) big cars*
o carte bună	*a good book*
unei cărți bune	*to/of a good book*
unor cărți bune	*to/of (some) good books*
o cafea mică	*a small coffee*
unei cafele mici	*to/of a small coffee*
unor cafele mici	*to/of (some) small cups of coffee*
o zi obositoare	*a tiring day*

unei zile obositoare	to/of a tiring day
unor zile obositoare	to/of tiring days

Neuter

un tren lung	a long train
unui tren lung	to/of a long train
unor trenuri lungi	to/of (some) long trains
un fotoliu greu	a heavy armchair
unui fotoliu greu	to/of a heavy armchair
unor fotolii grele	to/of (some) heavy armchairs
un program obositor	a tiring programme
unui program obositor	to/of a tiring programme
unor programe obositoare	to/of tiring programmes

▶ 3 Dates and expressions of time

a   The days of the week are written, unlike in English, with small initial letters:

luni	Monday
marţi	Tuesday
miercuri	Wednesday
joi	Thursday
vineri	Friday
sâmbătă	Saturday
duminică	Sunday

When the day indicates a regular occurrence, or is followed by an adjective, the definite article (*the*) is added in Romanian:

lunea	on Mondays
marţea	on Tuesdays
miercurea	on Wednesdays
joia	on Thursdays
vinerea	on Fridays
sâmbăta	on Saturdays
duminica	on Sundays

lunea viitoare	next Monday	**vinerea mare**	Good Friday
joia trecută	last Thursday	**duminica mare**	Easter Sunday

Occasionally the plural forms of the days with the definite article are used to denote regular occurrences:

vinerile	on Fridays

b   The months are also written with small initials. Remember that they are all masculine:

ianuarie	mai	septembrie
februarie	iunie	octombrie
martie	iulie	noiembrie
aprilie	august	decembrie

un martie cald	*a warm March*

c   When writing the date in Romanian, the numeral is placed before the month:

11 martie (unsprezece martie)	*11 March*

For *the second*, the form **două** is used:

2 iunie (două iunie)	*2 June*

The form **întîi** is used to mean *the first*:

1 ianuarie (întâi ianuarie)	*1 January*

Note the following constructions:

azi e 10 august 2003 (**două mii trei**)	*today is 10 August 2003*
azi suntem în 10 august	*it is 10 August today*
azi e 10 august	*it is 10 August today*
pe 5 aprilie	*on 5 April*
la 5 aprilie	*on 5 April*

d   You have already been introduced to a few words denoting the time of day such as **seară** *evening*. Here is a list of further expressions of time:

dimineață	*morning*
după-masă	*afternoon*
după-amiază	*afternoon*
seară	*evening*
noapte	*night*
zi	*day*

By adding the definite article to these nouns they are made to express a period of time:

dimineața	*in the morning*
seara	*in the evening*
noaptea	*at night*
ziua	*during the day*
după-masa	*in the afternoon*
după-amiaza	*in the afternoon*

Other expressions:

ieri dimineață	*yesterday morning*
azi la prânz	*this lunchtime*
mâine după-masă	*tomorrow afternoon*
aseară	*yesterday evening, last night*
deseară	*this evening, tonight*
astă-seară	*this evening, tonight*
mâine seară	*tomorrow evening*
azi noapte	*last night*

Note that **deseară** is used if the speaker is talking in the morning and **astă-seară** if he/she is talking in the late afternoon:

de azi într-o săptămână	*a week today*
peste două săptămâni	*within a fortnight*
acum un an	*a year ago*
anul trecut	*last year*
anul viitor	*next year*
o dată pe an	*once a year*
de două ori pe an	*twice a year*

The definite article is added to the noun in the following:

săptămâna trecută	*last week*
săptămâna viitoare	*next week*
săptămâna următoare	*the following week*
joia dimineața	*on Thursday mornings*
joia seara	*on Thursday evenings*

4 'At' and 'in'

a **în** *in* when followed by **un** and **o** becomes **într-**:

într-o mașină	*in a car*

but don't forget:

în mașină	*in **the** car*

la can mean both *at* and *to*:

sunt la restaurant	*I am at the restaurant*
vin la restaurant	*I am coming to the restaurant*

în is used with the names of places when the speaker is in the same place to which he/she is referring:

Eu sunt în București.	*He is in Bucharest.*

b With countries only **în** can be used, irrespective of where the speaker is:

Unde este Ana?	*Where is Ana?*
Ea este în România.	*She is in Romania.*
Unde pleacă George?	*Where is George going?*
El merge în România.	*He is going to Romania.*

with towns we find **la**:

Unde merge Elena? *Where is Helen going?*
Ea merge la Bucureşti. *She is going to Bucharest.*

similarly:

De unde vine ea? *Where is she coming from?*
Ea vine din România. *She is coming from Romania.*
De unde vine el? *Where is he coming from?*
El vine de la Londra. *He is coming from London.*

You will note that **de + in = din**
de + la = de la

Beware of confusing these with the phrases:

Ea este din România. *She is **from** Romania.*
Ea este din Londra. *She is **from** London.*

Compare **din Anglia, de la Londra**
din Statele Unite, de la New York
din Italia, de la Roma
din Egipt, de la Cairo
din Franţa, de la Paris

c **Din** and **de la** may also be found where in English we would use *who is/was in*. Thus in the dialogue we will meet the phrase:

O să scriu scrisori unei *I shall write letters to a girl*
prietene din Anglia. *friend (who is) in England.*

Note these other examples:

Prietenul de la mare este *The friend (who was) at the*
american. *seaside is American.*

Oamenii din oraş nu sunt *The people (who are) in the*
prietenoşi, pe când *town aren't as friendly*
oamenii de la ţară sunt *whereas the people (who are)*
foarte primitori. *in the countryside are very*
hospitable.

ⓘ From WW1 to WW2

The end (**sfârşit**) of the First World War (**primul război mondial**) saw the union of all the regions inhabited by Romanians. The provinces of Transylvania, Banat and Bessarabia were added to the country to create what Romanians called **România Mare**. During the reigns of Ferdinand

(1914–27), Carol II (1930–40) and Michael (1940–7), efforts were made to develop Romania. Modern highways (**şosele**) were built, a public bus, rail (**calea ferată**) and air system was introduced, and electricity (**electricitate**), gas (**gaze**) and water (**apă**) were brought to the towns. More schools (**şcoli**) and hospitals (**spitale**) were also constructed. However, despite these advances the life of the peasants in the villages remained largely unchanged. Before the outbreak of the Second World War (**al doilea război mondial**) 80 per cent of Romania's 18 million people lived on the land (**pământ**).

In June 1940 the Soviet Union seized Bessarabia and two months later Romania lost more territory, this time to Hungary, when, under pressure from Germany, she was forced to give away the northern part of Transylvania. At the end of the Second World War in 1945 Soviet troops occupied Romania and the first steps were taken to communize the country. This involved the abolition of all institutions and the creation of new ones, and the imprisonment of all those who opposed this process. The complete subjugation (**subjugare**) of Romania to the Soviet Union was marked by King Michael's forced abdication (**abdicare**) in December 1947 and the proclamation (**proclamare**) of the Romanian People's Republic.

▶ Dialogue

Maria has trouble making a date with George because his week ahead is so busy.

Maria   George, ce ai de gând să faci săptămâna viitoare?

George   Încă nu ştiu ... să văd. Cred că luni o să mă duc la un muzeu şi apoi o să fac o plimbare prin Herăstrău.

Maria   Nu vrei să mergi cu noi la mare sau la munte?

George   Vreau să merg la mare în septembrie când este mai răcoare. În august e prea cald. La munte merg în ianuarie.

Maria   Ai dreptate. Atunci o să mergem şi noi cu tine în septembrie la mare. Dar marţi ce faci?

George   Marţi şi miercuri o să scriu scrisori unor prieteni din Anglia.

Maria   Şi joi?

George   Joi dimineaţă o să trimit nişte pachete cu cărţi unui student iar vineri o să dau un telefon unui partener de afaceri.

Maria   Dacă eşti liber sâmbătă, putem merge la expoziţii.

George   Ce idee bună!

Exercises

1 Listen to the dialogue and identify the correct answer. If you do not have the recording refer to the text.

Ce are de gând să facă George:

a luni ...
    i   să meargă la gară.
    ii să cumpere ceva.
    iii să se ducă la un muzeu și apoi să facă o plimbare.

b marți și miercuri ...
    i   să trimită o scrisoare unui partener de afaceri.
    ii să scrie niște scrisori unor prieteni din Anglia.
    iii să meargă la mare.

c joi ...
    i   să dea un telefon unui prieten.
    ii să stea acasă.
    iii să trimită niște pachete cu cărți unui student.

d vineri ...
    i   să facă o plimbare cu mașina.
    ii să vorbească cu niște prieteni.
    iii să dea un telefon unui partener de afaceri.

2 Write the form with *of a*, *to a* in Romanian for each noun
Example: bilet; unui bilet

a	bilet	f	telefon
b	taxi	g	muzeu
c	gară	h	mașină
d	plimbare	i	cafea
e	cofetărie	j	scrisoare

3 Write the corresponding singular or plural form with *of a*, *to a* in Romanian for each noun.
Example: englezi; unor englezi

a	englezi	f	prieteni
b	mări	g	carte
c	săptămână	h	zile
d	lună	i	oră
e	partener	j	studente

4 Translate into English:

a Trebuie să ceară unui prieten să trimită niște cărți în Anglia.

b Nu cred că o să fiu liber săptămâna viitoare.

c   O să putem veni cu voi la mare în august.
d   Duminică o să mă duc la o expoziţie.
e   Acum vrea să dea un telefon unei prietene.
f   În iulie o să închiriem o maşină şi o să mergem la mare.
g   Peste trei săptămâni o să plecăm la munte.
h   De azi în două săptămâni o să fiţi la Londra.

5   Formulate questions in Romanian to obtain the answers in Exercise 4 above.

6   Complete the sentences using the indefinite article.
    Example: Dau un telefon unor prieteni.
    a   Dau un telefon _____ prieteni.
    b   Scriem _____ scrisori _____ parteneri de afaceri.
    c   Daţi _____ carte _____ profesor.
    d   Trimit _____ scrisoare _____ doctor.
    e   Spun _____ prietene să cumpere _____ ziare.
    f   Trimitem _____ ziar _____ studente (*only one*).
    g   Spuneţi _____ prietene (*only one*) să meargă la _____ expoziţie.

7   Use the required form of **un** or **o**.
    Example: Este biletul unui domn.
    a   Este biletul _____ domn.
    b   Sunt maşinile _____ englezi.
    c   Asta este casa _____ studente.
    d   Este berea _____ prietene.
    e   Sunt ziarele _____ copii.
    f   Este apartamentul _____ colege (*only one*).
    g   Sunt scrisorile _____ doctoriţe (*only one*).

▶ 8 Replace the present tense with the future.
    Example (a): Duminică cred că o să dau un telefon unui prieten din Anglia.
    a   Duminică cred că dau un telefon unui prieten din Anglia.
    b   Luni faceţi o plimbare prin oraş.
    c   George se duce să trimită cărţi unor studenţi.
    d   Cred că are dreptate: în august este prea cald să ne ducem la mare.
    e   Staţi la hotel când veniţi la Bucureşti.
    f   Credeţi că sunteţi liber săptămâna viitoare?
    g   Nu ştiu dacă am timp să stau la coadă la bilete.
    h   Poate luăm autobuzul spre centru.

9 Translate into Romanian:
  a A week today I shall go to Paris.
  b George will come to Bucharest next week.
  c Tomorrow afternoon we'll buy a car.
  d This evening we'll see a film.
  e Twice a year he sends books to some colleagues.
  f On Saturdays I write letters to some friends in the UK.

09
ce s-a întâmplat?
what has happened?

In this unit you will learn
- to say things that have taken place in the past
- to use adjectives denoting possession
- to use the *to the* and *of the* forms of nouns
- to use reported speech

Before you start

Note that you will often hear the question **Ce ai/aţi făcut cu?** *What have you done with?* **Example: Ce ai făcut cu casa?** *What have you done with the house?*

Key words and phrases

acrobat, acrobaţi (m)	*acrobat*
amabil, amabilă, amabili, amabile	*kind, pleasant*
antreu, antreuri (n)	*entrance hall*
balcon, balcoane (n)	*balcony*
calitate, calităţi (f)	*quality*
cheie, chei (f)	*key*
a citi	*to read*
a intra	*to enter*
a se îmbrăca	*to get dressed*
încă	*yet*
cârciumă, cârciumi (f)	*pub*
colţ, colţuri (n)	*corner*
a comanda	*to order (a meal, etc.)*
deasupra	*above, on top of*
a se descurca	*to manage*
devreme	*early*
etaj, etaje (n)	*floor, storey*
a se grăbi	*to hasten, to hurry*
a suna	*to ring, to telephone*
superb, superbă, superbi, superbe	*superb*
a se întâmpla	*to happen*
a întârzia	*to be late, to delay*
a se întoarce	*to return*
întotdeauna	*always*
loc, locuri (n)	*place, seat*
măsuţă, măsuţe (f)	*small table*
a mânca	*to eat*
ocazie, ocazii (f)	*occasion*
orfelinat, orfelinate (n)	*orphanage*
a pleca	*to leave*
portar, portari (m)	*caretaker, doorman*
repede	*quickly*

roman, romane (n)	*novel*
a spune	*to say*
târziu	*late*
palier, paliere (n)	*landing*
parter, partere (n)	*ground floor*
a trece	*to pass*
a se trezi	*to wake up*
tutungerie, tutungerii (f)	*tobacconist's*
ușă, uși (f)	*door*
vedere, vederi (f)	*view, sight*
așa că	*so that*
Ba da!	*Oh yes (it is)!*
bine că ...	*it's a good thing that ...*
Cum adică?	*How do you mean?*
Cum așa?	*How do you mean?*
la mine	*on me, in my possession*
a trece pe la (cineva)	*to drop in on someone*
uite	*look!*
serviciu, servicii (n)	*office, service*
după/după ce (n)	*after*

Grammar

1 Past tense

In Unit 4 (see page 35), you saw that Romanian verbs, like
English verbs, are divided into three phases of time, or tenses:
past, present, and future. You have already been introduced to
the present and future forms of verbs. This unit looks at the
forms of the past tense. These are made up by combining
reduced forms of **a avea** *to have* with a special form of the verb
known as the past participle. Here are some examples:

a lucra *to work*

    Past participle **lucrat**

am lucrat	*I have worked, I worked, I did work*
ai lucrat	*you have worked, you worked, you did work*
a lucrat	*he/she has worked, he/she worked, he/she did work*
am lucrat	*we have worked, we worked, we did work*
ați lucrat	*you have worked, you worked, you did work*
au lucrat	*they have worked, they worked, they did work*

a vedea   *to see*

> Past participle   **văzut**
> **am văzut**   *I have seen, I saw, I did see*
> **ai văzut**   *you have seen, you saw, you did see*
> **a văzut**   *he/she has seen, he/she saw, he/she did see*
> **am văzut**   *we have seen, we saw, we did see*
> **ați văzut**   *you have seen, you saw, you did see*
> **au văzut**   *they have seen, they saw, they did see*

a merge   *to go*

> Past participle   **mers**
> **am mers**   *I have gone, I went, I did go*
> **ai mers**   *you have gone, you went, you did go*
> **a mers**   *he/she has gone, he/she went, he/she did go*
> **am mers**   *we have gone, we went, we did go*
> **ați mers**   *you have gone, you went, you did go*
> **au mers**   *they have gone, they went, they did go*

a dori   *to wish*

> Past participle   **dorit**
> **am dorit**   *I have wished, I wished, I did wish*
> **ai dorit**   *you have wished, you wished, you did wish*
> **a dorit**   *he/she has wished, he/she wished, he/she did wish*
> **am dorit**   *we have wished, we wished, we did wish*
> **ați dorit**   *you have wished, you wished, you did wish*
> **au dorit**   *they have wished, they wished, they did wish*

a   As the examples show, the form of the past participle (**lucrat, mers**) varies according to the type of verb.

With infinitives ending in **-a** and **-i** the past participle is formed by adding **-t**. The infinitive ending in **-ea** is replaced by **-ut** as is, in some instances, that ending in **-e**. Other infinitives ending in **-e** replace the ending with **-s**.

Examples:

Infinitive	Past participle	
a lu*a*	**am lu***at*	*I took*
a ven*i*	**am ven***it*	*I came*
a ave*a*	**am av***ut*	*I had*
a be*a*	**am b***ăut*	*I drank*
a vre*a*	**am vr***ut*	*I wanted*
a fac*e*	**am făc***ut*	*I did*
a scri*e*	**am scr***is*	*I wrote*
a spun*e*	**am sp***us*	*I said*

Note these unusual forms

| a fi | am fost | *I was, I have been* |
| a şti | am ştiut | *I knew* |

b To form the negative place **nu** in front of the reduced forms of **a avea**:

nu am spus	*I did not say*	**nu** am spus	*we did not say*
nu ai spus	*you did not say*	**nu** aţi spus	*you did not say*
nu a spus	*he/she did not say*	**nu** au spus	*they did not say*

In colloquial usage **nu** is reduced to **n-**:

n-am spus	*I didn't say*	n-am spus	*we didn't say*
n-ai spus	*you didn't say*	n-aţi spus	*you didn't say*
n-a spus	*he/she didn't say*	n-au spus	*they didn't say*

Note also:

| **Ce-ai spus?** | *What did you say?* |
| **Ce-a spus?** | *What did he say?* |

c Reflexive verbs. These verbs were introduced in Unit 7. Here are some examples of their past tense forms:

a se spăla *to wash oneself*

m-am spălat	*I washed myself*
te-ai spălat	*you washed yourself*
s-a spălat	*he/she washed himself/herself*
ne-am spălat	*we washed ourselves*
v-aţi spălat	*you washed yourselves*
s-au spălat	*they washed themselves*

a se duce

m-am dus	*I went*	**ne-am dus**	*we went*
te-ai dus	*you went*	**v-aţi dus**	*you went*
s-a dus	*he/she went*	**s-au dus**	*they went*

d We can also use the **văzut, mers,** etc. forms with **a avea de** to mean *to have to* as in:

Am de citit cinci cărţi.	*I have five books to read.*
Au de reparat multe maşini.	*They've got many cars to repair.*
Aveţi multe de cumpărat?	*Have you got many things to buy?*

Compare:

| **am** scris | with | **am de** scris |
| **ai** scris | with | **ai de** scris |

a scris	with	**are de** scris
am scris	with	**avem de** scris
ați scris	with	**aveți de** scris
au scris	with	**au de** scris

2 'To the', 'of the'

In Unit 7, you were shown how to say *the* and, in Unit 8, *to a*, and *of a* with a noun. To indicate *to the* and *of the* you have to add endings to the Romanian noun which differ according to whether the noun is masculine, feminine, or neuter, singular or plural. Unlike in English there are no separate words for *to the*, *of the*. Here are some examples with, for comparison, the *the* forms introduced in Unit 7:

a Masculine nouns

câine*le*	*the dog*
câine*lui*	*to/of the dog*
câini*lor*	*to/of the dogs*
prieten*ul*	*the friend*
prieten*ului*	*to/of the friend*
prieten*ilor*	*to/of the friends*

b Feminine nouns

mașin*a*	*the car*
mașin*ii*	*to/of the car*
mașin*ilor*	*to/of the cars*
cart*ea*	*the book*
cărț*ii*	*to/of the book*
cărț*ilor*	*to/of the books*
cofetări*a*	*the coffee shop*
cofetări*ei*	*to/of the coffee shop*
cofetări*ilor*	*to/of the coffee shops*
cafe*aua*	*the coffee*
cafel*ei*	*to/of the coffee*
cafel*elor*	*to/of the coffees*

c Neuter nouns

tren*ul*	*the train*
tren*ului*	*to/of the train*
tren*urilor*	*to/of the trains*
fotoli*ul*	*the armchair*

| fotoliul*ui* | to/of the armchair |
| fotoli*ilor* | to/of the armchairs |

d Uses of the *to the* and *of the* forms

The *to the* forms are used with verbs such as *to send to, to give to, to say to*:

| George Porter a spus prietenului său. | George Porter told (to) his friend. |
| Ana dă banii orfelinatului. | Ann is giving the money to orphanage. |

And the *of the* forms are used to denote possession:

| Am găsit uşa balconului deschisă. | I found the door of the balcony open. |
| Maşina vecinului nu porneşte. | The neighbour's car won't start. |

You will find further examples in the dialogue.

e Names

To express *to* and *of* with names we precede them with **lui**:

| Geamantanul *lui* George n-a venit. | George's case hasn't arrived. |
| Apartamentul *lui* Radu este de închiriat. | Radu's flat is to let. |

Feminine names in **-a** may either be preceded by **lui** or have the ending **-ei**:

| Casa Anei este în centru. | Anne's house is in the centre |
| Casa lui Ana este în centru. | (of town). |

f Adjectives

The same forms of the adjectives are used with *to the*, *of the* forms of the noun as with *to a*, *of a*, examples of which are given in Unit 8.

g Position

Certain words denoting position such as **deasupra** *above* also require the *of the* form:

deasupra tutungeriei	above the tobacconist's
în faţa magazinului	in front of the shop
în spatele restaurantului	behind the restaurant

3 Possessive adjectives

Words denoting possession such as *my, your, his*, are called possessive adjectives. In Romanian, these behave in the same way as the other adjectives that you have already met such as **bun** *good* and **mare** *big*. Thus they follow the noun which is always in the definite article form and adapt their own forms to it by adding a variety of endings. The possessive adjectives are:

meu	*my*	**nostru**	*our*
tău	*your* (singular)	**vostru**	*your* (plural)
său	*his, her*		

Masculine

băiatul meu	*my boy, my son*	**băieţii mei**	*my boys*
băiatul tău	*your boy*	**băieţii tăi**	*your boys*
băiatul său	*his/her boy*	**băieţii săi**	*his/her boys*
băiatul nostru	*our boy*	**băieţii noştri**	*our boys*
băiatul vostru	*your boy*	**băieţii voştri**	*your boys*
băiatului meu	*of/to my boy*	**băieţilor mei**	*of/to my boys*
băiatului tău	*of/to your boy*	**băieţilor tăi**	*of/to your boys*
băiatului său	*of/to his/her boy*	**băieţilor săi**	*of/to his/her boys*
băiatului nostru	*of/to our boy*	**băieţilor noştri**	*of/to our boys*
băiatului vostru	*of/to your boy*	**băieţilor voştri**	*of/to your boys*

Feminine

fata mea	*my girl, my daugher*	**fetele mele**	*my girls*
fata ta	*your girl*	**fetele tale**	*your girls*
fata sa	*his/her girl*	**fetele sale**	*his/her girls*
fata noastră	*our girl*	**fetele noastre**	*our girls*
fata voastră	*your girl*	**fetele voastre**	*your girls*
fetei mele	*of/to my girl*	**fetelor mele**	*of/to my girls*
fetei tale	*of/to your girl*	**fetelor tale**	*of/to your girls*
fetei sale	*of/to his/her girl*	**fetelor sale**	*of/to his/her girls*
fetei noastre	*of/to our girl*	**fetelor noastre**	*of/to our girls*
fetei voastre	*of/to your girl*	**fetelor voastre**	*of/to your girls*

Neuter

ceasul meu	*my watch*	**ceasurile mele**	*my watches*
ceasul tău	*your watch*	**ceasurile tale**	*your watches*
ceasul său	*his/her watch*	**ceasurile sale**	*his/her watches*
ceasul nostru	*our watch*	**ceasurile noastre**	*our watches*

ceasul vostru	*your watch*	ceasurile voastre	*your watches*
ceasului meu	*of my watch*	ceasurilor mele	*of my watches*
ceasului tău	*of your watch*	ceasurilor tale	*of your watches*
ceasului său	*of his/her watch*	ceasurilor sale	*of his/her watches*
ceasului nostru	*of our watch*	ceasurilor noastre	*of our watches*
ceasului vostru	*of your watch*	ceasurilor voastre	*of your watches*

The adjective **său** is used when the possessor is the same person as the subject.

> **George se uită la ceasul său.**   *George looks at his watch.*

But **lui** *his* and **ei** *her* are also used in the third person singular.

> **George se uită la ceasul lui.** *George looks at his watch.*

Lui and **ei** do not change their form. They are called pronouns. Other pronouns with an invariable form denoting possession are **dumneavoastră (dvs.)** *your*, which may be singular or plural, and **lor** *their*.

copilul **lui**	*his child*
copilul **ei**	*her child*
cartea **lor**	*their book*
trenul **dvs.**	*your train*
banii **lor**	*their money*

4 Reported speech

English statements such as *George said that he was looking for a flat* are expressed in Romanian as *George said that he is looking for a flat*. In other words, the tense of the original statement or question is preserved in Romanian:

George *vrea* un apartament.	*George wants a flat.*
George a spus că *vrea* un apartament.	*George said that he wanted a flat.*
Unde *este* gara?	*Where is the station?*
Ea a întrebat unde *este* gara.	*She asked where the station was.*

ℹ Romania under Ceauşescu

Nicolae Ceauşescu was the last of Romania's Communist leaders. He took office in 1965 and continued the policy of his predecessor Gheorghe Gheorgiu-Dej of developing Romania's industry (**industrie**). Romania began to produce televisions (**televizoare**), washing-machines (**maşini de spălat**) and cars, but the labour needed for the factories took people away from the land. Furthermore, to pay for the investments (**investiţii**) for industry, food was diverted from the internal market to the export market with the result that by the early 1980s food rationing had to be introduced.

Enormous food queues (**cozi**) were a feature of daily life in the towns and cities and in the winter of 1984 quotas were introduced for the domestic consumption of gas and electricity. Most homes could be barely heated in winter. In addition, laws were introduced to force Romanians to report on any contact which they had with foreigners (**străini**). At the same time, Ceauşescu introduced a decree outlawing abortion and the use of contraceptive devices. Illegitimate births soared and many young children were placed in orphanages (**orfelinate**). By 1989 there were almost 200,000 children in care.

▶ Dialogue

George meets his friend Rodica in the street. He has a story to tell about his new flat.

Rodica	George, bine că ne-am întâlnit! Ieri am vrut să trec pe la tine să văd ce-ai făcut cu casa ...
George	Cum adică, 'ce-am făcut cu casa?'
Rodica	Ai găsit un apartament de închiriat?
George	Ah, da, chiar pe strada asta. Uite, acolo, deasupra farmaciei ...
Rodica	Şi la ce etaj e apartamentul?
George	La etajul şapte.
Rodica	Ai o vedere frumoasă, nu-i aşa?
George	Aşa e. Am avut şi ocazia să descopăr că am calităţi de acrobat.
Rodica	Cum aşa?
George	Azi m-am trezit devreme, aşa că am stat în pat şi am citit un roman. Când m-am uitat la ceas, am văzut că e foarte târziu. M-am spălat repede, m-am îmbrăcat şi am plecat.
Rodica	Şi ai întârziat!
George	Nu. Dar când m-am întors acasă, am văzut că n-am cheile.

Rodica	Şi ce ai făcut?
George	Am sunat la vecin. A fost amabil şi a spus că pot trece de pe balconul lui pe balconul meu.
Rodica	Uşa balconului a fost deschisă?
George	Da.
Rodica	Şi cheile au fost în apartament?
George	Da, la locul lor, în antreu.

Exercises

1   Listen to the dialogue and answer the questions. If you do not have the recording consult the text.

a   George s-a întâlnit cu Rodica ...
  i   pe stradă.
  ii   la hotel.

b   La parterul blocului lui George este ...
  i   un chioşc cu bilete.
  ii   o farmacie.

c   George s-a trezit ...
  i   foarte târziu.
  ii   prea devreme.

d   Înainte să plece de acasă George ...
  i   s-a spălat.
  ii   s-a îmbrăcat.

e   George a găsit cheile.
  i   la parter.
  ii   la vecin.
  iii   în antreu.

2   Put the verbs of the following sentences into the past.
Example: Prietenul domnului Porter vrea să treacă pe la hotel să vadă ce face George cu casa.

Prietenul domnului Porter **a vrut** să treacă pe la hotel să vadă ce **a făcut** George cu casa.

a   George găseşte un apartament de închiriat.
b   George are ocazia să descopere că are calităţi de acrobat.
c   Azi George se trezeşte şi stă în pat să citească un roman.
d   George trece de pe balconul vecinului lui pe balconul lui pentru a intra în apartament.
e   George uită cheile în antreu.

3   Use the possessive adjective.
Example: Unde sunt cheile (*eu*)?
Unde sunt cheile **mele**?

a   Apartamentul (*tu*) este la etajul opt?
b   Cartea (*dvs.*) este pe masă.
c   Băiatul (*noi*) are 21 de ani.
d   Biletele (*ei*) sunt în antreu.

e   Scrisorile (*el*) sunt captivante.
f   Hotelul (*voi*) este în centru.
g   Vecinii (*noi*) au fost foarte amabili.
h   Ţigările (*tu*) sunt pe masă.
i   Am uitat unde am pus cartea (*ea*).
j   Cum este vecinul (*el*).
k   Televizorul (*ea*) merge foarte bine.
l   Balconul apartamentului (*ele*) este mare.

4   Translate into English:
a   Săptămâna trecută am vrut să trec pe la voi să văd dacă
    aţi găsit o maşină de închiriat.
b   Cred că o să am ocazia să văd un film bun la televizor.
c   Lunea trecută liftul a fost stricat.
d   Vecinii mei de palier sunt foarte amabili.
e   M-am trezit destul de târziu şi a trebuit să mă grăbesc
    să nu întârzii la serviciu.

5   Complete the blanks using the correct reflexive pronouns.
    Example: _____ duc să cumpăr un ziar.
              Mă duc să cumpăr un ziar.
a   (Ei) _____ au dus la munte.
b   (Ea) _____ a spălat pe cap.
c   (Tu) _____ ai descurcat foarte bine.
d   Nu ştim dacă _____ ducem la mare.
e   Când vreţi să _____ uitaţi la televizor?
f   _____ îmbraci imediat după ce _____ speli?
g   Azi dimineaţă (eu) _____ am trezit cam târziu.

6   Translate into Romanian:
a   Where did I put your keys?
b   We discovered George's keys on the small table.
c   I wanted to come and see you.
d   Could you find a flat to rent?
e   At what time did they get up this morning?

7   Replace the verbs in brackets using the past participle.
    Example: Unde ai (*a pune*) cartea profesorului?
                Unde ai **pus** cartea profesorului?
a   Când v-aţi (*a se întoarce*) de la mare?
b   Azi ne-am (*a se grăbi*) pentru că ne-am (*a se trezi*) târziu.
c   Te-ai (*a se uita*) aseară la televizor?
d   Au (*a trimite*) scrisorile în Anglia.
e   Am (*a da*) băiatului biletul de tren.
f   Aţi (*a scrie*) prietenilor voştri din România?
g   Am (*a spune*) vecinului meu să dea cheia portarului.

8 Complete the blanks.
   Example: Dau un telefon domnul _____ Popescu.
            Dau un telefon domnului Popescu.
   a   Este apartamentul prieten _____ mele.
   b   Unde ai pus biletele vecin _____ noştri?
   c   Balconul apartament _____ nostru este foarte mare.
   d   Străzile oraş _____ sunt murdare.
   e   Cheile _____ George sunt pe măsuţa din antreu.
   f   Cărţile studenţi _____ sunt grele.
   g   Prietenii băiat _____ meu au plecat la mare.
   h   La parterul cas _____ mele este o tutungerie.

9 Match the verb forms to the blanks.
   a   N-am putut _____ în apartament.
   b   Azi ne-am _____ cam târziu.
   c   La ce oră crezi că _____ acasă?
   d   Ce bine că _____ un apartament de închiriat.
   e   Vecinul meu _____ că pot trece de pe balconul lui pe
        balconul meu.
   f   _____ ocazia să vezi expoziţia de la parterul blocului
        tău.

   (i) o să fii   (ii) intra   (iii) trezit
   (iv) a zis   (v) ai avut   (vi) ai găsit

10

aceasta este a mea

this is mine

In this unit you will learn
- to use the forms for *this* and *that*
- to say *her*, *him*, *it*, *us* and *them*
- to recognize other forms of the future

Before you start

La mulţi ani can be used in a number of contexts. It means literally *here's to many more years* and is most commonly used as a toast to celebrate a festive occasion. It can mean *Happy Birthday*, *Happy Christmas* and *Happy New Year*, depending on the event.

Key words and phrases

a ajuta	*to help*
aprovizionat, aprovizionată, aprovizionaţi, aprovizionate	*supplied*
a aşeza	*to place, to site*
a se aşeza	*to sit down*
bătrân, bătrână, bătrâni, bătrâne	*old (of persons)*
băutură, băuturi (f)	*drink*
bineînţeles	*of course, naturally*
ceva	*something*
contfortabil, confortabilă confortabili, confortabile	*comfortable*
a considera	*to consider*
cumpărătură, cumpărături (f)	*shopping, purchase*
curând	*soon*
cuţit, cuţite (n)	*knife*
examen, examene (n)	*examination*
farfurie, farfurii (f)	*plate*
fiu, fii (m)	*son*
fiică, fiice (f)	*daughter*
furculiţă, furculiţe (f)	*fork*
gol, goală, goi, goale	*naked, empty*
important, importantă, importanţi, importante	*important*
a invita	*to invite*
a împlini	*to fulfil*
a se împlini	*to be completed, to pass (of years)*
a începe	*to begin*
a lăsa	*to leave*
a lăuda	*to praise*
lingură, linguri (f)	*spoon*
linguriţă, linguriţe (f)	*teaspooon*

masă, mese (f)	*table*
meniu, meniuri (n)	*menu*
mâncare, mâncăruri (f)	*food, dish*
a se muta	*to move house*
neapărat	*without fail*
a se ocupa de	*to deal with*
ocupat, ocupată, ocupați, ocupate	*busy*
a oferi	*to offer*
pahar, pahare (n)	*glass*
parcă	*seemingly, as if*
a petrece	*to pass*
petrecere, petreceri (f)	*party, celebration*
piață, piețe (f)	*square, market*
a plictisi	*to bore*
a se plictisi	*to get bored*
plin, plină, plini, pline	*full*
politicos, politicoasă, politicoși, politicoase	*polite*
prea	*too (much)*
rochie, rochii (f)	*dress*
a servi	*to serve*
servit, servită, serviți, servite	*served*
sigur, sigură, siguri, sigure	*certain*
singur, singură, singuri, singure	*alone*
șervețel, servețele (n)	*napkin*
tacâm, tacâmuri (n)	*place setting (at table), cutlery*
tirbușon, tirbușoane (n)	*corkscrew*
tânăr, tânără, tineri, tinere	*young*
a avea de toate	*to have everything*
de curând	*recently*
a face cumpărături	*to do the shopping*
a întinde fața de masă	*to lay the tablecloth*
între timp	*in the meantime*
a merge la cumpărături	*to go shopping*
peste două săptămâni	*within two weeks*
a pune masa	*to lay the table*
zi de naștere	*birthday*
ziua lui	*his birthday*

Grammar

1 'This' and 'that'

The word for *this* in Romanian is **acest** and for *that* is **acel**. Grammatically speaking, they are known as demonstrative adjectives when they stand next to a noun. As you have read in Unit 5 (page 45) Romanian requires adjectives to adapt their forms of those of the noun and so **acest** and **acel** will change to agree with the noun.

However, both **acest** and **acel** are unusual as adjectives in that they may either precede or follow the noun. Here are some examples of their use before a noun.

Masculine

acest/acel prieten	*this/that friend*
acestui/acelui prieten	*to/of this/that friend*
acești/acei prieteni	*these/those friends*
acestor/acelor prieteni	*to/of these/those friends*

Feminine

această/acea mașină	*this/that car*
acestei/acelei mașini	*to/of this/that car*
aceste/acele mașini	*these/those cars*
acestor/acelor mașini	*to/of these/those cars*

Neuter

acest/acel program	*this/that programme*
acestui/acelui program	*to/of this/that programme*
aceste/acele programe	*these/those programmes*
acestor/acelor programe	*to/of these/those programmes*

Further examples:

Geamantanul acestui prieten este greu.	*This friend's suitcase is heavy.*
Costul acelui program este foarte mare.	*The cost of that programme is very high.*
Această mașină nu merge bine.	*This car is not running well.*
Acești englezi vorbesc bine românește.	*These English people speak Romanian well.*

When they follow a noun **acest** and **acel** carry more emphasis. Note that when they are placed after the noun, the noun has the *the* form and both **acest** and **acel** end in **-a**.

Masculine

prietenul **acesta/acela**	*this/that friend*
prietenului **acestuia/aceluia**	*to/of this/that friend*
prietenii **aceştia/aceia**	*these/those friends*
prietenilor **acestora/acelora**	*to/of these/those friends*

Feminine

maşina **aceasta/aceea**	*this/that car*
maşinii **acesteia/aceleia**	*to/of this/that car*
maşinile **acestea/acelea**	*these/those cars*
maşinilor **acestora/acelora**	*to/of these/those cars*

Neuter

programul **acesta/acela**	*this/that programme*
programului **acestuia/aceluia**	*to/of this/that programme*
programele **acestea/acelea**	*these/those programmes*
programelor **acestora/acelora**	*to/of these/those programmes*

Further examples:

Cafeaua aceasta nu are zahar.	*This coffee has no sugar in it.*
Americanii aceştia vorbesc bine româneşte.	*These Americans speak Romanian well.*
Vinul acela este mai bun.	*That wine is better.*
În ziua aceea am fost la restaurant.	*On that day I went to the restaurant.*

Acesta and **acela** may also stand on their own to mean *this* and *that*, just as *this* and *that* can in English. In such cases they are known as demonstrative pronouns. Note, however, that the forms of **acesta** and **acela** must still agree with the noun which they are referring to:

Aceasta **este o problemă grea.**	*This is a serious problem.*
Acela **este un politician abil.**	*That man is an able politician.*
Aceştia **sunt banii noştri.**	*This is our money.*
Acelea **sunt biletele voastre.**	*Those are your tickets.*
Acesta **este paharul meu.**	*This is my glass.*
Acelea **sunt hainele lor.**	*Those are their clothes.*

In conversation, you are more likely to hear the reduced forms of **acesta** and **acela**. These are most frequently found in the following forms:

Masculine

prietenul **ăsta/ăla**	*this/that friend*
prietenului **ăstuia/ăluia**	*to/of this/that friend*
prietenii **ăştia/ăia**	*these/those friends*
prietenilor **ăstora/ălora**	*to/of these/those friends*

Feminine

maşina **asta/aia**	*this/that car*
maşinii **ăsteia/ăleia**	*to/of this/that car*
maşinile **astea/alea**	*these/those cars*
maşinilor **ăstora/ălora**	*to/of these/those cars*

Neuter

programul **ăsta/ăla**	*this/that programme*
programului **ăstuia/ăluia**	*to/of this/that programme*
programele **astea/alea**	*these/those programmes*
programelor **ăstora/ălora**	*to/of these/those programmes*

Further examples

Studentul ăsta este mai harnic decât studentul ăla.	*This student is more hardworking than that student.*
Cartofii ăştia sunt mai ieftini decât cartofii ăia.	*These potatoes are cheaper than those ones.*
Fata asta merită orice, iar fata aia nu merită nimic.	*This girl deserves everything while that one doesn't deserve a thing.*
Maşinile astea sunt nişte rable.	*These cars are wrecks.*

The feminine forms **a(cea)sta, a(ce)stea, a(ce)lea** also correspond to *this*, *that*, *these* and *those* where no object or person is mentioned.

Ce să fac eu cu astea?	*What am I to do with these?*
Asta mă îngrijorează.	*That worries me.*

2 'Her', 'him', 'it', 'us' and 'them'

In Unit 7 (see page 60), you met what are known as reflexive pronouns meaning *myself, yourself*, etc. The same Romanian forms for *myself, yourself, ourselves* and *yourselves* are used to express *me, us* and also *you* when *you* is the object of an action (e.g. *I hit you*). *Her, him* and *them* are expressed by new forms.

Since all these words are found as objects of an action, *me, you, him, her, us, them* are known grammatically as direct pronouns. These pronouns are:

mă	*me*	**ne**	*us*
te	*you*	**vă**	*you*
îl	*him*	**îi**	*them (m)*
o	*her*	**le**	*them (f)*

Here are some examples of their use:

Eu **o** văd mâine.	*I'll be seeing her tomorrow.*
Ea **ne** invită la teatru.	*She is inviting us to the theatre.*
El **mă** lasă la gară.	*He'll drop me off at the station.*
Ei vor să **le** ducă cu maşina.	*They want to take them (f) by car.*
Nu am găsit pantofii mei, **îi** caut mai târziu.	*I couldn't find my shoes. I'll look for them later.*

Note that in the last example **îi** agrees with **pantofi** (m).

a Pronouns with the past tense

You will see from the above examples that the pronouns precede the verb. When you use the past tense, however, you have to place the feminine **o** after the past participle:

Noi am lăsat-**o** la hotel.	*We left her at the hotel.*
N-ați văzut-**o** ieri?	*Didn't you see her yesterday?*

Compare this use with that of the other pronouns, which precede the past tense. Some of them have shortened forms. Thus:

el **mă** vede	*he sees me*	becomes	el **m**-a văzut	*he saw me*
el **te** vede	*he sees you*	becomes	el **te**-a văzut	*he saw you*
eu **îl** văd	*I see him*	becomes	eu **l**-am văzut	*I saw him*
el **ne** vede	*he sees us*	becomes	el **ne**-a văzut	*he saw us*
el **vă** vede	*he sees you*	becomes	el **v**-a văzut	*he saw you*
el **îi** vede	*he sees them*	becomes	el **i**-a văzut	*he saw them*
el **le** vede	*he sees them*	becomes	el **le**-a văzut	*he saw them*

b With *să*

When following **să** (see Unit 7, page 61) only **îl** and **îi** are modified:

Vin **să-l** văd.	*I am coming to see him.*
Vin **să-i** văd.	*I am coming to see them.*

while the others stay unchanged:

Ea vine să mă vadă.	*She is coming to see me.*
Ea vine să te vadă.	*She is coming to see you.*
Ea vine s-o vadă.	*She is coming to see her.*
Ea vine să ne vadă.	*She is coming to see us.*
Ea vine să vă vadă.	*She is coming to see you.*
Ea vine să le vadă.	*She is coming to see them (f).*

c Further uses of *her*, *him* and *them*

Unlike in English, the forms for *her*, *him* and *them* are also found in Romanian in support of nouns. They are used for emphasis and only when the noun precedes the verb. In such situations, they have no equivalent in English. Study these examples:

Hainele **le-ai** găsit?	*As for clothes, did you find them?*
Merele **le-a** cumpărat Ana.	*The apples, Ana bought them.*
Banii **i-am** dat deja.	*As for the money, I've paid that over already.*
Problema **n-am** rezolvat-o.	*Regarding the problem, I haven't solved it.*
Meniul **îl faci** singur?	*Are you going to decide on the food (menu) you are going to give them yourself?*

Compare the normal word order:

Am găsit hainele.	*I found the clothes.*
Ana a cumpărat merele.	*Ann bought the apples.*
Am dat deja banii.	*I've paid the money already.*

d Stress on *me*, *you*, *him*, *her*, *us* and *them*

There are distinct stressed forms in Romanian for *me*, *you*, *him*, *her*, *us* and *them* which are used for emphasis. They are always used together with the unstressed forms introduced above and can never be substituted for them. Here they are with their unstressed equivalents in brackets.

(mă)	**pe mine**	*me*	*(ne)*	**pe noi**	*us*
(te)	**pe tine**	*you*	*(vă)*	**pe voi**	*you*
(te)	**pe dumneata**	*you*	*(vă)*	**pe dumneavoastră**	*you*
(îl)	**pe el**	*him*	*(îi)*	**pe ei**	*them (m)*
(o)	**pe ea**	*her*	*(le)*	**pe ele**	*them (f)*
(se)	**pe sine**	*himself, herself*			

Look at these examples.

Eu o văd **pe ea** mâine.	*I'll be seeing **her** tomorrow.*
Ea ne invită **pe noi** la teatru.	*She is inviting **us** to the theatre.*
El mă lasă **pe mine** la gară.	*He'll drop **me** off at the station.*
Ei vor să le ducă **pe ele** cu mașina.	*They want to take **them** (f) by car.*

Sometimes the stressed form precedes the verb for extra emphasis:

Pe mine m-a ignorat ea complet.	*Me she ignored completely.*
Pe el îl întrebăm.	*It's him we'll ask.*

You will see that the stressed forms are all preceded by **pe** which has no equivalent in English. These same stressed forms follow prepositions such as *with*, *for* and *in*.

Ea vine **cu** noi.	*She is coming with us.*
Ei au luat-o **pentru** tine.	*They got it for you.*
Este multă bunătate **în** el.	*There's a great deal of kindness in him.*
George lucrează mai mult **decât** tine.	*George works harder than you.*
La dvs. este liniște.	*It's quiet in your house (lit. At you there is quiet).*

e *Pe*

This is an important word in Romanian; as well as accompanying the stressed pronouns it also precedes nouns denoting a *person* when they are the object of an action. In such cases the verb is usually preceded by the unstressed forms of *him*, *her* and *them*. Neither these forms nor **pe** can be translated into English. Examine these examples carefully:

O întreb **pe** Maria.	*I'll ask Maria.*
Îl întreb **pe** domnul Porter.	*I'll ask Mr Porter.*
Îi căutăm **pe** George și **pe** Nicu.	*We're looking for George and Nick.*
Le-am văzut **pe** Ileana și **pe** Ana.	*We've seen Ileana and Maria.*
I-am invitat **pe** George și **pe** Ana.	*We've invited George and Ana.*

After **pe** the *the* form of the noun is not used unless the noun is followed by a name or by another qualifying word.

Le-am întâlnit **pe** fete.	*I met the girls.*
Le-am întâlnit **pe** fetele acelea.	*I met those girls.*
L-am condus **pe** student.	*I accompanied the student.*
L-am condus **pe** studentul american.	*I accompanied the American student.*

Pe may also be found with words introducing questions such as **cine** *who*.

Cine a sosit?	*Who has arrived?*
Pe cine ai chemat?	*Whom did you summon?*

3 Other future forms

In Unit 8, you learnt about the most colloquial method of expressing future time using the formula **o să**. A second colloquial form also involves **să**, but is preceded by the present tense of the verb **a avea** *to have*.

am să întreb	*I shall ask*	**avem să întrebăm**	*we shall ask*
ai să întrebi	*you will ask*	**aveți să întrebați**	*you will ask*
are să întrebe	*he, she will ask*	**au să întrebe**	*they will ask*

However, the *we* and plural *you* forms are rarely heard.

Examples:

Nu **are să plece** fără noi.	*He won't leave without us.*
Am să știu mâinc.	*I'll know tomorrow.*
Au să se spele seara.	*They will have a wash in the evening.*

In written usage you are more likely to find a different compound, this time made up of the infinitive without **a** preceded by auxiliary forms:

voi întreba	*I shall ask*	**vom întreba**	*we shall ask*
vei întreba	*you will ask*	**veți întreba**	*you will ask*
va întreba	*he, she will ask*	**vor întreba**	*they will ask*
mă voi duce	*I shall go*	**ne vom duce**	*we shall go*
te vei duce	*you will go*	**vă veți duce**	*you will go*
se va duce	*he, she will go*	**se vor duce**	*they will go*

Examples:

Nu **va pleca** fără noi.	*He won't leave without us.*
Vom ști mâine.	*We'll know tomorrow.*
Se vor spăla seara.	*They will have a wash in the evening.*

ℹ️ Revolution

REVOLUȚIA POPULARĂ A INVINS! ACUM E NEVOIE DE RAȚIUNE, CALM ȘI VIGILENȚĂ ÎN APĂRAREA LIBERTĂȚII ȘI VALORILOR NAȚIONALE!

The popular revolution has triumphed! Now we need reason, calm and vigilance in defending national freedom and values!

In December 1989, the population of the western Romanian town of Timișoara was driven by suffering to take to the streets and to call for the overthrow of Ceaușescu. Many were shot dead on Ceaușescu's orders and when news of the deaths reached the capital Bucharest and other large cities, such as Cluj, protests against Ceaușescu began there as well on 21 December. On the following day, a large crowd attacked Ceaușescu's office and he fled in a helicopter with his wife. Fighting began in Bucharest and other major towns between the army, which joined the side of the protesters, and members of Ceaușescu's secret police.

Ceaușescu and his wife were captured, put on trial and sentenced to death. Shortly afterwards resistance by the secret police ceased.

A provisional government was formed and it immediately took steps to improve living conditions. Food was withdrawn from export and put on sale in the shops, heating quotas were withdrawn, the abortion decree was repealed, and the right of everyone to hold a passport was introduced. Multi-party elections were held for the first time in over 40 years in May 1990 and the National Salvation Front, a party favoured by ex-communists, was elected to power.

▶️ Dialogue

Plans are well on the way for a 20th birthday party in spite of the looming exams.

Radu	George, parcă ai spus că luna asta va fi ziua fiului tău ...
George	Da, pe 28 va fi ziua lui de naștere și sunt convins că va da o petrecere.
Radu	Pe cine va invita?
George	Prieteni, colegi ...
Radu	Și cine se va ocupa de mâncare și de băutură?
George	Eu, bineînțeles.
Radu	Ca de obicei. De ce nu se ocupă el?!
George	E foarte ocupat. Învață tot timpul. Peste două săptămâni încep examenele.
Radu	Pot să te ajut cu ceva?

George	Sigur, mulțumesc. Putem merge împreună la cumpărături la acea piață din cartierul tău. Ai spus că e bine aprovizionată.
Radu	Ce vrei să cumperi?
George	Îl voi întreba pe el. Între timp, putem cumpăra băutura.
Radu	Aveți nevoie de pahare, farfurii, tacâmuri? V-ați mutat de curând și poate nu aveți de toate.
George	Avem ce este mai important pentru tineri: pahare. Acelea trebuie să fie pline.

Exercises

1 Listen to the recording and answer the following questions in English. If you do not have the recording study the text of the dialogue.

   a   Când este ziua băiatului lui George?
   b   Pe cine va invita la ziua lui?
   c   Cine se va ocupa de mâncare și băutură?
   d   Cine îl va ajuta pe George la cumpărături?

2 Use the correct forms of **acest** and **această**.
   Example: Această piață este bine aprovizionată.

   a   _____ piață este bine aprovizionată.
   b   Ați fost la _____ restaurant?
   c   De unde au cumpărat _____ bilete de autobuz?
   d   Unde merg _____ oameni?
   e   Cât costă _____ mașină?
   f   Trebuie să plătesc _____ chelner?
   g   De ce dați telefon _____ studenți?
   h   Ce ați trimis _____ studente? *(only one)*
   i   Când scrii _____ prietene? *(more than one)*

3 Complete the blanks with the correct form of **acest**.
   Example: Acest student se numește Vasile.

   a   _____ student se numește Vasile.
   b   _____ pahare sunt murdare.
   c   Trimit _____ scrisori de la poștă.
   d   Cât costă _____ vin?
   e   Din ce stație pot lua _____ metrou?
   f   Când îi invitați la restaurant pe _____ prieteni?
   g   De unde ați cumpărat _____ cărți?
   h   Puteți să reparați _____ lift?
   i   _____ mașină e scumpă?

4 Repeat Exercise 3 above using the correct form of **acel**.
Example: Acel student se numește Vasile.

5 Replace the bold words with the correct form of **acesta**.
Example: Acest tren merge la Cluj.
        Acesta merge la Cluj.
   a   **Acest tren** merge la Cluj.
   b   **Această mașină** e prea scumpă.
   c   **Acești tineri** sunt prietenii fiului meu.
   d   Rochia **acestei fete** este superbă.
   e   Telefonul **acestui inginer** este stricat.
   f   **Aceste scaune** sunt confortabile.

6 Answer the following questions using *me*, *him*, *us*, etc.
Example: Această mașină e bună? Vreau _____ cumpăr.
        Această mașina e bună? Vreau s-o cumpăr.
   a   Această mașina e bună? Vreau _____ cumpăr.
   b   Acest apartament este în centru. Doriți să _____ vedeți?
   c   Unde sunt Ion și Maria? Vrem să _____ invităm la noi.
   d   Ați scris scrisorile? Trebuie să _____ trimitem mâine.
   e   Știți unde este Hotelul Continental? Vrem să _____
       găsim neapărat.

7 Answer the questions following the example.
Example: Ai făcut cumpărăturile? Încă nu le-am făcut,
        le voi face mâine.
   a   Ați făcut cumpărăturile?
   b   V-au ajutat prietenii?
   c   I-a văzut pe studenți?
   d   Ai luat-o la cinema pe Maria?
   e   Le-a întrebat și pe ele?
   f   Ai căutat biletul?
   g   Ați spălat mașina?
   h   Au reparat liftul?
   i   Ați cumpărat ziarul?
   j   A trimis scrisorile?
   k   Ați luat cartea?

8 Complete the sentences, using the unstressed forms of *me*,
him, *us*, etc.
Example: Mă luați și pe mine la cinema?
   a   _____ luați și pe mine la cinema?
   b   _____ invitați și pe el?
   c   _____ vedeți și pe ele?
   d   _____ credem și pe tine.
   e   _____ întrebăm și pe voi.

f _____ trimitem şi pe ea.

g El _____ caută şi pe ei.

h Ea _____ ştie şi pe noi.

i El _____ plictiseşte şi pe voi?

9 Repeat Exercise 7 using the colloquial forms of the future.
   Example: O să mă luaţi şi pe mine la cinema?

10 Supply the required forms of *me*, *him*, *us*, etc.
   **Example: Am auzit că filmul acesta este bun. O să-l văd
                 săptămâna viitoare.**

   a Am auzit că filmul acesta este bun. O să _____ văd
        săptămâna viitoare.

   b Aceşti prieteni vin la Bucureşti. _____ voi invita să
        treacă pe la mine.

   c Trebuie s- _____ ajut pe Maria la cumpărături.

   d _____ aţi întrebat pe băieţi când încep examenele?

   e N-am terminat încă romanul pentru că am început să
        _____ citesc de-abia ieri.

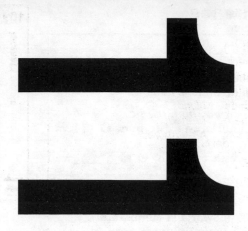

11
lucram
I was working

In this unit you will learn
- to say *I was doing, I was reading* etc.
- to say *to me, to you, to him, to her, to us* and *to them*
- to say *all, every*

Key words and phrases

adevăr, adevăruri (n)	*truth*
a-şi aminti	*to remember*
a arăta	*to show*
ban, bani (m)	*money*
blond, blondă, blonzi, blonde	*blond*
brunet, brunetă, bruneţi, brunete	*brunette*
cărunt, căruntă, cărunţi, cărunte	*grey (haired)*
des	*frequently*
a desena	*to draw*
despre	*about*
drăguţ, drăguţă, drăguţi, drăguţe	*nice*
fericit, fericită, fericiţi, fericite	*happy*
fruct, fructe (n)	*fruit*
gură, guri (f)	*mouth*
a-şi imagina	*to imagine*
a-şi închipui	*to imagine*
nas, nasuri (n)	*nose*
niciodată	*never*
păr (n)	*hair*
a părea	*to seem*
a se părea	*to seem*
a păzi	*to guard, to protect*
pictor, pictori (m)	*artist, painter*
pistruiat, pistruiată, pistruiaţi, pistruiate	*freckled*
puşti, puşti (m)	*young lad*
a rămâne	*to remain*
suflet, suflete (n)	*soul*
şaten, şatenă, şateni, şatene	*brown-haired*
talent, talente (n)	*talent*
talentat, talentată, talentaţi, talentate	*talented*
a termina	*to finish, to end*
a se termina	*to come to an end*
tânăr, tânără, tineri, tinere	*young*
tot, toată, toţi, toate	*all*
vacanţă, vacanţe (f)	*holiday*
vitrină, vitrine (f)	*shop window*
vreme (f)	*weather*
vreme, vremuri (n)	*time*

a zâmbi	to smile
ca să	in order to
acum 20 de ani	20 years ago
a-şi aduce aminte	to remember
Ce vremuri!	What times!
cât mai mult	as much as possible
cum să nu	of course
De câte ori?	How many times?
ori de câte ori	whenever
în timp ce	while
pe atunci	about that time
pe vremea asta	at this time, in such weather as this
toată lumea	everybody
a ţine minte	to recall
nu ... niciodată	never
la timp	on time
chiar acum	right now

Grammar

1 'I was working', 'I was reading'

In Unit 9, you saw how actions that took place in the past and were completed are expressed in Romanian, e.g. *I have worked*, is translated by **am lucrat**. This form of **a lucra** is known as the past tense. Where the action that takes place in the past is not completed, but is a continuous or repeated action such as *I was working*, *I used to work*, then it is expressed by what is known as the imperfect tense. In this unit, we shall examine the *was* forms which are made by adding a series of endings to the infinitive or *to* forms of the verb.

Verbs ending in -a or -ea follow one pattern. They add -m, -i (for *he/she* form there is no ending) -m, -ţi, -u.

a lucra   *to work*

lucra**m**	*I was working, used to work*
lucra**i**	*you were working, used to work*
lucra	*he/she was working, used to work*
lucra**m**	*we were working, used to work*
lucra**ţi**	*you were working, used to work*
lucra**u**	*they were working, used to work*

a avea   *to have*

ave**am**	*I had, used to have*
ave**ai**	*you had, used to have*
ave**a**	*he/she had, used to have*
ave**am**	*we had, used to have*
ave**aţi**	*you had, used to have*
ave**au**	*they had, used to have*

Verbs ending in **-e** or **-ui** follow another pattern. They add **-am**, **-ai**, **-a**, **-am**, **-aţi** or **-au**.

a merge   *to go*

merge**am**	*I was going*
merge**ai**	*you were going*
merge**a**	*he/she was going*
merge**am**	*we were going*
merge**aţi**	*you were going*
merge**au**	*they were going*

a locui   *to inhabit, to live*

locui**am**	*I was living*
locui**ai**	*you were living*
locui**a**	*he/she was living*
locui**am**	*we were living*
locui**aţi**	*you were living*
locui**au**	*they were living*

Verbs ending in **-î** drop the **-î** and add **-am**, **-ai**, **-a**, **-am**, **-aţi** and **-au**.

a urî   *to hate*

ur**am**	*I used to hate*
ur**ai**	*you used to hate*
ur**a**	*he/she used to hate*
ur**am**	*we used to hate*
ur**aţi**	*you used to hate*
ur**au**	*they used to hate*

Verbs in **-i** replace the final **-i** with **e** and add the endings.

a dori   *to wish*

dor**eam**	*I was wishing*
dor**eai**	*you were wishing*
dor**ea**	*he/she was wishing*
dor**eam**	*we were wishing*
dor**eaţi**	*you were wishing*
dor**eau**	*they were wishing*

There are a number of important verbs which do not follow the above patterns, e.g.

a fi *to be*

eram	*I used to be*	eram	*we used to be*
erai	*you used to be*	erați	*you used to be*
era	*he/she used to be*	erau	*they used to be*

a sta *to reside, to stand*

stăteam	*I was standing*	stăteam	*we were standing*
stăteai	*you were standing*	stăteați	*you were standing*
stătea	*he/she was standing*	stăteau	*they were standing*

a da	*to give*	dădeam	*I used to give*
a bate	*to beat*	băteam	*I used to beat*
a face	*to do*	făceam	*I used to do*
a ști	*to know*	știam	*I used to know*
a vrea	*to want*	voiam	*I used to want*
a trebui	*to have to*	trebuia	*I used to have to*

Some examples:

Ori de câte ori mergeam la București luam medicamente cu mine.	*Whenever I went to Bucharest I took some medicines with me.*
În timp ce eu căutam un apartament, ea se ocupa de copii.	*While I was looking for a flat she looked after the children.*

Note the different meanings: **de mult** *for some time*, **de puțin** *for a short time*.

Căutam de mult un apartament.	*I had been looking for a flat for some time.*

2 Saying 'to me', 'to you', 'to him', etc.

Unlike in English, *to me, to you,* etc. are expressed by one distinct word. Since all these words are found as indirect objects of an action, as in the example *he gave it* (direct object) *to me* (indirect object) they are known as indirect object pronouns and they precede the verb. Here are the forms:

îmi	*to me*	**ne**	*to us*
îți	*to you*	**vă**	*to you*
îi	*to him, to her*	**le**	*to them*
își	*to himself, to herself, to themselves*		

You will see from Unit 10 that **ne** and **vă** can also have the meaning *us* and *you*. Here are some examples of their use:

El îmi trimite des colete.	*He sends me parcels frequently.*
Îţi plătim.	*We'll pay you. (lit. to you).*
Ne spune minciuni.	*He tells us lies.*

a *To me, to you* etc. with the past tense

el îmi dă	*he gives me*	becomes	el mi-a dat	*he gave me*
el îţi dă	*he gives you*		el ţi-a dat	*he gave you*
el îi dă	*he gives him/her*		el i-a dat	*he gave him/her*
el ne dă	*he gives us*		el ne-a dat	*he gave us*
el vă dă	*he gives you*		el v-a dat	*he gave you*
el le dă	*he gives them*		el le-a dat	*he gave them*
el îşi dă	*he gives to himself*		el şi-a dat	*he gave to himself*

Examples:

Ei nu ne-au trimis bani luna aceasta.	*They haven't sent us any money this month.*
De ce nu mi-ai spus adevărul?	*Why didn't you tell me the truth?*
Ţi-am dat ieri paşaportul meu.	*I gave you my passport yesterday.*

b With *să*, *ce* and *nu*

The same shortened forms of *to me*, *to you*, *to him* and *to her* are used after **să**, **ce** and **nu**.

However, in these cases, the hyphen - precedes the shortened form:

El nu vrea **să-mi** împrumute maşina.	*He doesn't want to lend me the car.*
Ce-i spun mâine?	*What am I to say to him tomorrow?*
Nu-ţi dau nimic.	*I'm not giving you anything.*

The forms of **ne**, **vă** and **le** remain unchanged:

Vrea să **ne** spună ceva.	*He wants to tell us something.*
Vrea să **vă** spună ceva.	*He wants to tell you something.*
Vrea să **le** spună ceva.	*He wants to tell them something.*

c To her, to him, to them in support of nouns

Just as you saw in Unit 10, pages 99–102 that *him, her* and *them* are found in Romanian in support of nouns, so too are *to him, to her* and *to them* when the nouns concerned are in *to the* form. Look at these examples. You will note that *to her, to him, to them* do not translate into English.

I-am spus lui George că nu pot veni.	*I told George that I could not come.*
I-ai spus şoferului să aştepte?	*Did you tell the driver to wait?*
Le-am arătat copiilor nişte bani englezeşti.	*I showed the children some English money.*

d Verbs requiring to me, to you, etc.

The two most common verbs in this category are **a trebui** *to need* and **a plăcea** *to please*.

A trebui has to be used in the manner *it is necessary to me* which means that it has a fixed form:

Îmi trebuie un cuţit.	*I need a knife.*
Vă trebuie mai mult timp să terminaţi?	*Do you need more time to finish?*
Ne trebuie investiţii în plus.	*We need extra investments.*

Note that you can also say:

Am nevoie de un cuţit.	*I need a knife.*
Aveţi nevoie de mai mult timp să terminaţi?	*Do you need more time to finish?*
Avem nevoie de investiţii în plus.	*We need extra investments.*

A plăcea is used in the same way, but it has a separate plural form which is **plac** in the present, and **au plăcut** in the past.

Îmi place ciocolata.	*I like chocolate.*
Îmi place să înot.	*I like swimming.*
Îmi plac rochiile.	*I like the dresses.*
Ne plac cursurile.	*We like the courses.*
I-a plăcut spectacolul.	*He/she liked the show.*
Le-au plăcut discursurile.	*They liked the speeches.*

e To me, to you, etc. meaning possession

In Unit 9, the adjectives *my, your*, etc. denoting possession were introduced. Possession is also commonly expressed by using the pronouns *to me, to you*. In such cases the noun is usually in the *the* form:

Îmi iau maşina şi plec.	I'm taking my car and I'm off. (lit. to me I'm taking the car and I am leaving)
Ne-am lăsat bagajele în autocar.	We left our baggage in the coach.
El şi-a vândut apartamentul.	He sold his flat.

Do not confuse the above example with:

| El i-a vândut apartamentul. | He sold his (someone else's) flat. |

The noun may also be used in the *a* form:

Îmi cumpăr un hamburger.	I'm buying myself a hamburger.
El şi-a luat un apartament în Cotroceni.	He has got himself a flat in Cotroceni.
Mi-a găsit un taxi la colţ.	He found a taxi for me on the corner.

f Reflexive verbs with *to me, to you*

A handful of verbs have to be preceded by *to me, to you*, etc. The most common are:

a-şi imagina	to imagine
a-şi închipui	to imagine
a-şi aminti	to remember

Do not confuse them with the more common reflexive verbs presented in Unit 7.

îmi imaginez	ne imaginăm
îţi imaginezi	vă imaginaţi
îşi imaginează	îşi imaginează
îmi închipui	ne închipuim
îţi închipui	vă închipuiţi
îşi închipuie	îşi închipuie
îmi amintesc	ne amintim
îţi aminteşti	vă amintiţi
îşi aminteşte	îşi amintesc

g Further uses of *to me, to you*, etc.

In certain constructions introduced in English by *I, you,* in Romanian you say *to me, to you*:

| Mi-e foame. | I am hungry. (lit. to me there is hunger) |
| Mi-e sete. | I am thirsty. (lit. to me there is thirst) |

| | Mi-e somn. | *I am sleeping.* (lit. *to me there is sleep*) |
| Mi-e rău. | *I feel ill.* (lit. *there is ill to me*) |

Other examples:

Ţi-e greu.	*It is difficult for you.*
Ne e frig.	*We are cold.* (lit. *there is cold to us*)
Vă e cald?	*Are you warm?* (lit. *to you is there warmth?*)
I-e frică.	*He/she is afraid.* (lit. *to him/her there is fear*)
Mi-e dor (de) ...	*I miss* ... (lit. *there is longing to me (of) ...*)

3 'All', 'every'

All and *every* can be expressed by the same word in Romanian **tot**. **Tot** is an adjective and therefore when it stands next to a noun it makes its form agree. The noun, in its turn, must be in the *the* form. Here are some examples:

	Masculine
tot anul	*the whole year*
toţi englezii	*all Englishmen, all English people*

	Feminine
toată strada	*all the street, the whole street*
toată lumea	*the whole world, everybody*
toate femeile	*all the women*

	Neuter
tot timpul	*all the time*
tot adevărul	*the whole truth*
în toate cazurile	*in all (the) cases*

Occasionally you will meet the form **tuturor** meaning *of all the*, *to all the*, but more often than not *of all the* is indicated by **tot/toată** preceded by **a**, and *to all the* is indicated by **tot/toată** preceded by **la**:

| Cadourile **tuturor** copiilor sunt sub pom. | *All the children's presents are under the tree.* |
| Am trimis invitaţii la **toată** lumea. | *I sent invitations to everyone.* |

The forms of **tot** can also be used on their own:

Tot ce faci este greşit.	*Everything you do is mistaken.*
Infirmierele nu se ocupă de copii, **toate** sunt leneşe.	*The nurses don't look after the children, all of them are lazy.*
Soldaţii sunt curajoşi, **toţi** sunt eroi.	*The soldiers are courageous, all are heroes.*

⚙ The regions of Romania

Romania has five principal regions, notable for their distinct geographical features, which make the country one of the most scenically attractive in Europe. Transylvania is the largest of the regions and is bounded on its eastern and southern flank by the Carpathian mountains which in the past offered a natural defence against invasion from the East. Its original Romanian inhabitants were joined in the tenth century by Hungarians and in the late twelfth century by Germans.

To the east of Transylvania is Moldavia (**Moldova**), which extends from the Carpathians to the river Dniester. In 1940, the area of the province between the rivers Prut and Dniester was annexed under duress by the Soviet Union, despite the fact that about 60 per cent of the population was Romanian. In 1990, the Romanians of this part of Moldavia proclaimed their sovereignty from the Soviet Union and renamed their territory the Republic of Moldova (**Republica Moldova**). The Republic should not be confused with the rest of Moldavia which has remained part of Romania.

Wallachia, the third region, lies to the south and is an area of fertile plains. Romania's capital Bucharest lies in the centre of the region. To the east, on the Black Sea coast, is Dobrogea, which was ruled by the Turks until 1878. Its principal city is Constanţa, Romania's chief port. The fifth region is the Banat, bordering on Serbia. Timişoara, where the Romanian revolution started in December 1989, is its best known urban centre.

Romania divided into five regions

▶ Dialogue

Here are two vivid memories of Paris.

Nicu Îţi aduci aminte cum era la Paris pe vremea asta, acum douăzeci de ani?

Elena Cum să nu! Nu pot uita! Eram tineri şi voiam să vedem cât mai mult. Mergeam zeci de kilometri pe jos, ne uitam la toate vitrinele, voiam să ştim totul. Ni se părea [*it seemed to us*] că vacanţa nu se va termina niciodată.

Nicu Îl mai ţii minte pe băiatul acela blond şi drăguţ? Când îl vedeam pe stradă, îi dădeam bani ca să ne spele maşina.

Elena Zâmbea tot timpul şi părea fericit.

Nicu Îţi aminteşti ce frumos picta? Voia să devină pictor. Adevărul e că era talentat.

Elena Ce amintiri frumoase! Eram fericiţi şi credeam că vom rămâne tineri ...

Nicu Şi n-am rămas?

Elena Ba da. Avem suflet tânăr şi păr alb.

Exercises

1 Listen to, or read, the dialogue again and put the verbs in the present tense into the imperfect tense.

2 Put the bold verbs into the imperfect tense.
   Example: Când **am fost** la Paris, **am admirat** vitrinele magazinelor.
   Când **eram** la Paris, **admiram** vitrinele magazinelor.
   a Când **am fost** la Paris, **am admirat** vitrinele magazinelor.
   b **Ați crezut** că suntem vecini?
   c Au mulți bani la ei pentru că **vor** să cumpere o mașină.
   d Puștiul **zâmbește** tot timpul și **pare** fericit.
   e Ori de câte ori îl **văd, spune** același lucru.
   f Când **mergeți** în străinătate **luați** multe hărți cu voi.
   g **Am crezut** că m-au uitat.

3 Choose the appropriate verbs from the list below to fill the blanks.
   Example: Unde spuneați că este acel magazin?
   a Unde _____ că este acel magazin?
   b _____ aici când _____ despre acest film.
   c _____ că George a cumpărat un apartament.
   d Cine _____ masa?
   e Puștiul _____ talent.
   f _____ să devin pictor.
   g _____ să mergem acolo mai des.
   i eram, ii spuneați, iii punea, iv vorbea, v știați, vi avea, vii trebuia, viii voiam.

4 Complete the sentences with the correct form of **tot**.
   Example: Vorbea tot timpul despre cărți.
   a Vorbea _____ timpul despre cărți.
   b Îmi aduc aminte de _____ tinerii aceia.
   c _____ vitrinele erau superbe.
   d _____ piața este plină de fructe.
   e Stăteau la mare _____ vara.
   f _____ scaunele sunt ocupate.
   g Îi știu pe _____ prietenii tăi.

5 Use the required *to me, to you*, etc. forms of the pronouns in brackets.
   Example: Nu mi-ai spus unde este teatrul.
   a Nu (eu)-ai spus unde este teatrul.
   b (El)-am dat un telefon.
   c (Dvs)-ați amintit unde stă Elena?

d Nu cred că (**voi**)-ați închipuit că vă laudă.
e (**Eu**)-am imaginat că trenul pleacă la timp.
f (**Tu**)-ai amintit ce (**tu**)-am spus?
g (**Ea**)-am dat bani să cumpere bilete de teatru.

6 Put the past tense verbs in the previous exercise into the present.
Example: Nu-mi spui.

▶ 7 Answer the questions following the example:
Example (a): Trebuie să-i dai telefon chiar acum?
            Nu, îi voi da telefon mai târziu.
a Trebuie să-i dai telefon chiar acum?
b Vrea să le scrie chiar acum?
c Trebuie să-ți citesc articolul chiar acum?
d Trebuie să vă trimită cartea chiar acum?
e Vreți să-mi spuneți asta chiar acum?
f Doriți să le oferiți florile chiar acum?
g Trebuie să ne arăți mașina chiar acum?

8 Modify Exercise 7 following the example.
Example: Trebuia să-i dai telefon chiar acum?
            Nu, îi puteam da telefon mai târziu.

9 Supply the answer following the example.
Example: Cine își imagina că toată lumea va veni la timp?
            Eu îmi imaginam.
a Cine își imagina că toată lumea va veni la timp?
   Eu _____
b Cine își închipuia că trenul pleacă la timp? Noi _____
c Cine își amintea că trebuia să și mâncăm? Dvs. _____
   _____
d Cine își închipuia că puteam merge cu metroul?
   Ele _____
e Cine își aducea aminte unde era casa lor? Tu _____
   _____

10 Use all the persons of the verb.
Example: îmi place berea; îți place berea; îi place berea, etc.
a îmi place berea.   **c** îmi plac dulciurile.
b nu-mi place aici.   **d** nu-mi plac programele.

12

dacă aş fi, aş ...

if I could, I would ...

In this unit you will learn
- more about the use of *to me, to you* etc.
- how to say *I would, you would*
- how to say *nothing, never, nor*

Before you start

In Unit 11, you were introduced to **îmi place** *I like*. As soon as you get on friendly terms with a Romanian you are likely to want to know his or her likes or dislikes. You will find the following conversational gambits useful:

Îmi place teatrul.	*I like the theatre.*
Nu-mi plac filmele de război.	*I don't like war films.*
Îmi place să merg la expoziţii.	*I like to go to exhibitions.*
Vă place să staţi la soare?	*Do you like sitting in the sun?*

Key words and phrases

acelaşi, aceeaşi, aceiaşi, aceleaşi	*the same*
a ajunge	*to reach, to be sufficient*
a alege	*to choose*
biolog, biologi (m)	*biologist*
bogat, bogată, bogaţi, bogate	*rich*
casetă video, casete video (f)	*videocassette*
a călători	*to travel*
a se căsători cu	*to get married*
cineva	*someone*
a conveni	*to suit*
a crea	*to create*
cuiva	*to/of someone*
dată, date (f)	*date, data*
a depinde de	*to depend on*
eprubetă, eprubete (f)	*test tube*
exact	*exactly*
facultate, facultăţi (f)	*faculty, university department*
femeie, femei (f)	*woman*
început, începuturi (n)	*beginning*
a însemna	*to note down, to mark down, to signify, to mean*
a înţelege	*to understand*
loterie, loterii (f)	*lottery*
lucru, lucruri (n)	*thing*
mereu	*continually*
mulţumit, mulţumită, mulţumiţi, mulţumite	*satisfied*
a munci	*to work, to labour*

a se naște	*to be born*
nimic	*nothing*
nimeni	*nobody*
om, oameni (m)	*person, man*
părinte, părinți (m)	*parent*
a plăcea	*to be pleasing*
profesie, profesii (f)	*profession*
a promite	*to promise*
sărac, săracă, săraci, sărace	*poor*
a schimba	*to change*
teatru, teatre (n)	*theatre*
a trăi	*to live*
videorecorder, videorecordere (n)	*video-recorder*
vis visuri/vise (n)	*dream, dreams (for future)/ dreams (in sleep)*
a visa	*to dream*
viață, vieți (f)	*life*
o dată	*once, on one occasion*
de două ori	*twice*
a lua masa	*to have a meal*
în restul timpului	*the rest of the time*
nu prea	*not very*
opt luni pe an	*eight months of the year*
schimbare, schimbări (f)	*change*
a sta cu nasul în cărți	*to sit with one's nose in a book*
tot ce dorești	*everything you wish*
a urma o facultate	*to do a university degree*
Îmi ajunge.	*It's enough for me.*
Îmi convine.	*It suits me.*

Grammar

1 Saying 'to me', 'to you', etc. with emphasis

In the previous unit you learnt how to say *to me, to you*. Just as *me* and *you* have in Romanian separate forms for emphasis, so too do *to me* and *to you*. The use of the emphatic forms is optional but you will never find them in place of the unstressed forms and they are usually used with them. You will see from the examples that the emphatic forms may either precede or follow the verb. To help you associate the unstressed and emphatic forms of *to me* and *to you* the former are reproduced for reference in brackets (see the box on the next page):

(îmi)	mie	to me	(ne)	nouă	to us
(îți)	ție	to you	(vă)	vouă	to you
(îți)	dumitale	to you	(vă)	dumneavoastră	to you
(îi)	lui	to him	(le)	lor	to them
(îi)	ei	to her	(le)	lor	to them
(își)	sie	himself, herself, themselves			
		but often replaced by lui, ei or lor			

Mie îmi place să folosesc
acest manual.
I like using this textbook.

Ție ți-am spus să nu pleci
fără mine.
*I told you not to leave without
me.*

Lor nu le convine să ridicăm
această problemă.
*It doesn't suit them for us to
raise this problem.*

I-am promis și ei că vom
merge.
*I promised her too that we
would go.*

The emphatic sie corresponding to își is usually replaced by lui
or ei:

Mi-a luat mie un whisky și ei
și-a luat o bere.
*She got me a whisky and for
herself she got a beer.*

Further uses of the emphatic forms

Certain prepositions such as *because of* and *thanks to* are
followed by the emphatic forms of *to me* and *to you*. The three
principal examples are:

datorită   *because of*
mulțumită   *thanks to*
grație   *thanks to*

Mulțumită lor ați putut pleca
în Statele Unite.
*Thanks to them you were able
to leave for the United States.*

Datorită mie au pierdut
trenul.
*They missed the train because
of me.*

2 More about the unemphatic 'to me', 'to you' etc.

In Unit 11, the shortened forms of *to me* and *to you* were
presented with the past tense and with să, e.g.

Ea mi-a trimis banii.
She sent me the money.

El a vrut să-i dea aprobarea.
*He wanted to give her the
permission.*

These reduced forms are also used, but with slight modifications, when they occur alongside *it* and *them*. Remember that *it* can be expressed by either **îl** or **o**, depending on whether it refers to a masculine or feminine noun, and that similarly *them* can be expressed by **îi** or **le**. Note that both **îl** and **îi** are also reduced. Here are a number of examples:

el are un plic	el **mi-l** dă	*he gives it to me*
el are nişte bani	el **mi-i** dă	*he gives them to me*
ea are două chei	ea **mi le** dă	*she gives them to me*
Radu are un mesaj	Radu **ţi-l** dă	*Radu is giving it to you*
Nicu aduce flori	el **ţi le** va da	*he will give them to you*
avem două fotolii	noi **ţi le** dăm	*we're giving them to you*
am două pardesie	eu **ţi le** dau	*I'm giving them to you*

In the above examples we could substitute the following:

el are un plic	el **i-l** dă	*he gives it to him/her*
el are nişte bani	el **i-i** dă	*he gives them to him/her*
ea are două chei	ea **i le** dă	*she gives them to him/her*
Radu are un mesaj	Radu **ni-l** dă	*Radu is giving it to us*
Nicu aduce flori	el **ni le** va da	*he will give them to us*
avem două fotolii	noi **vi le** dăm	*we're giving them to you*
am două pardesie	eu **li le** dau	*I'm giving them to them*

With **o** *her, it* the reduced forms of *to me, to you* are the same as those used with the past:

ea **mi-o** spune	*she says it to me*
ea **ţi-o** spune	*she says it to you*
ea **i-o** spune	*she says it to him/her*
ea **ne-o** spune	*she says it to us*
ea **v-o** spune	*she says it to you*
ea **le-o** spune	*she says it to them*
ea **şi-o** spune	*she says it to herself*

Further examples:

el **mi-o** va spune	*he will say it to me*
el **mi-a** spus-o	*he said it to me*
noi **v-am** trimis-o	*we sent it to you*
voi **le-aţi** trimis-o	*you sent it to them*

a The shortened forms of *to me, to you* with impersonal verbs: For simplicity's sake we will call an impersonal verb one which does not have a person as its subject, or as the *doer* of an action. **A se întâmpla** *to happen* and **a se părea** *to seem* are examples of impersonal verbs in Romanian because we have to use the verb in a manner of *it happens to me*, *it seems to me*, and not *I happen*, *I seem*. Since both these verbs are reflexive in Romanian, *to me* will be expressed by the shorted form:

mi se pare	*it seems to me*	**ni se pare**	*it seems to us*
ţi se pare	*it seems to you*	**vi se pare**	*it seems to you*
i se pare	*it seems to him/her*	**li se pare**	*it seems to them*

mi se întâmplă *it happens to me*

mi s-a părut	*it seemed to me*	**ni s-a părut**	*it seemed to us*

Note these other impersonal expressions:

Mi se cuvine.	*This is my due.*
Ţi se face dor de România?	*Do you miss Romania?*
I s-a făcut foame.	*He got hungry.*
Ni s-a făcut rău.	*We became ill.*
Nu mă mir că vi s-a făcut sete.	*I'm not surprised that you developed a thirst.*
Li s-a făcut somn.	*They became sleepy.*

b It is also in a similar impersonal manner that verbs may be used when you wish to avoid attributing actions or remarks to a person. This is a common practice in Romanian and requires the use of the reduced forms of *to me*, etc. In English, we can translate such constructions by *I was (told)*, *(sent)*, *(given)*, *you were (told)*, *(sent)*, *(given)*.

Mi s-a spus că au sosit.	*I was told that they had arrived.*
Ni s-au dat multe cărţi.	*We were given many books.*
Nu li s-a oferit nimic.	*Nothing was offered to them.*

3 Saying 'I would'

To use a verb in its *would* form in Romanian we simply place auxiliary forms in front of the infinitive without **a**. Here are some examples:

aş da	*I would give*	**am da**	*we would give*
ai da	*you would give*	**aţi da**	*you would give*
ar da	*he/she would give*	**ar da**	*they would give*

aş avea	*I would have*	**am avea**	*we would have*
ai avea	*you would have*	**aţi avea**	*you would have*
ar avea	*he/she would have*	**ar avea**	*they would have*

aş vinde	*I would sell*	**am vinde**	*we would sell*
ai vinde	*you would sell*	**aţi vinde**	*you would sell*
ar vinde	*he/she would sell*	**ar vinde**	*they would sell*

aş vorbi	*I would speak*	**am vorbi**	*we would speak*
ai vorbi	*you would speak*	**aţi vorbi**	*you would speak*
ar vorbi	*he/she would speak*	**ar vorbi**	*they would speak*

You will find the **aş da, aş avea** forms commonly used following **dacă** *if,* but note that in English *if* is followed by the past tense.

Dacă aş avea timp aş merge la birou.
If I had time I would go to the office.

Ar veni dacă ar primi o invitaţie.
He would come if he received an invitation.

The same reduced forms of *to me, to you,* etc. are used with *would* as with the past tense:

Dacă ar cere o mână de ajutor, l-am ajuta.
If he asked for a helping hand we would help him.

Nu m-ar deranja dacă ea nu ar vrea să participe.
It wouldn't upset me if she didn't want to take part.

Ce-ai spune dacă ţi-ar trimite un calculator şi o imprimantă?
What would you say if they sent you a word processor and a printer?

4 Saying 'I would have'

This is done in Romanian by using **aş fi** *I would be* and the past participle of the required verb.

aş fi dat	*I would have given*	**am fi** dat	*we would have given*
ai fi dat	*you would have given*	**aţi fi** dat	*you would have given*
ar fi dat	*he/she would have given*	**ar fi** dat	*they would have given*

aş fi avut	*I would have had*	**am fi** avut	*we would have had*
ai fi avut	*you would have had*	**aţi fi** avut	*you would have had*
ar fi avut	*he/she would have had*	**ar fi** avut	*they would have had*

aş fi vândut	*I would have sold*	**am fi** vândut	*we would have sold*
ai fi vândut	*you would have sold*	**aţi fi** vândut	*you would have sold*
ar fi vândut	*he/she would have sold*	**ar fi** vândut	*they would have sold*

aş fi vorbit	*I would have spoken*	**am fi** vorbit	*we would have spoken*
ai fi vorbit	*you would have spoken*	**aţi fi** vorbit	*you would have spoken*

ar fi vorbit   *he/she would have   **ar fi** vorbit   *they would*
                    spoken*   *have spoken*

Study these examples and compare them with those illustrating
I would:

Dacă aş fi avut timp aş fi   *If I had had time I would have*
mers la birou.   *gone to the office.*

Ar fi venit dacă ar fi primit   *He would have come if he had*
o invitaţie.   *received an invitation.*

Dacă ar fi cerut o mână de   *If he had asked for a helping*
ajutor l-am fi ajutat.   *hand we would have helped*
                                    him.

Nu m-ar fi deranjat dacă ea   *It wouldn't have upset me if she*
nu ar fi vrut să participe.   *had not wanted to take part.*

Ce-ai fi spus dacă ei ţi-ar fi   *What would you have said if*
trimis un calculator şi o   *they had sent you a word*
imprimantă?   *processor and a printer?*

De ce nu le-ai scris? Ai fi   *Why didn't you write to them?*
putut să le scrii?   *You could have written to*
                                    them.

In conversation *would* can also be rendered by the imperfect
was forms:

De ce nu le-ai scris? Puteai să   *Why didn't you write to them?*
le scrii?   *You could have written to*
                                    them?

Ce spuneai dacă îţi trimiteau   *What would you have said if*
un videorecorder?   *they had sent you a*
                                    videorecorder?

Era bine dacă puteai să   *It would have been a good*
vii ieri.   *thing had you been able to*
                                    come yesterday.

Eu nu aranjam această   *I wouldn't have arranged*
întâlnire dacă ştiam.   *this meeting had I known.*

English *would* is not always the equivalent of **aş, ai,** etc. In
reported speech in English you may meet statements containing
would which is expressed by the future in Romanian:

Am spus că o să vin.   *I said that I would come.*

Am spus că aş fi venit dacă   *I said that I would have come*
aş fi găsit un taxi.   *had I been able to find a taxi.*

5 'Nothing', 'never', 'nor'

In Romanian these words are:

nimic	*nothing*
niciodată	*never*
nici	*neither, nor*
nici un/o	*not one*
nicăieri	*nowhere*
nimeni	*nobody*

When used with a verb they have to be accompanied by **nu** *no*:

Eu **nu** aud **nimic**.	*I hear nothing. (lit. I don't hear nothing)*
Ei **nu** ascultă **niciodată**.	*They never listen.*
Nici noi **nu** vrem să mergem.	*Nor do we want to go.*
Nu am **nici un** motiv să mă plâng.	*I have no reason to complain.*
Nu l-am găsit **nicăieri**.	*I couldn't find him anywhere.*
Nimeni nu ne iubeşte.	*Nobody loves us.*
Nu iubesc pe **nimeni**.	*I don't love anyone.* (on **pe** see Unit 10, page 102)
Nu auzi **nimic**? Nimic.	*Can't you hear anything? No, nothing.*

i The Carpathian mountains

The Carpathian mountains run down the centre of Romania like a backbone and are a source of great natural wealth. In the foothills are more than 1,000 sources of mineral water but fewer than 100 are tapped and bottled for sale. There are some 160 spas where tourists, both foreign and Romanian, come for therapeutic treatment. The mountains also provide several excellent centres for winter sports. One of the most popular is Poiana Braşov, some ten miles to the north of the Transylvanian city of Braşov, which annually receives many thousands of foreign tourists, especially from Britain.

You will also find a great deal of wildlife in the Carpathians. It has been spared the excesses of over-hunting characteristic of some of Romania's neighbours and there are still many brown bears, wild boar and red deer. Efforts are now being made to establish conservation areas where hunting of these animals will be strictly controlled. Many Romanians spend their holidays walking and hiking in the mountains and you will see many signposted trails served by cabins especially built to offer shelter.

▶ Dialogue

George is reflecting with his friend Maria on things they wanted to do when they were young.

George	Ce-ai face dacă ar trebui să iei viața de la început?
Maria	Dacă aș începe viața din nou, aș vrea să călătoresc.
George	Dar pentru asta ți-ar trebui bani. N-ai putea călători dacă n-ai fi bogată.
Maria	Aș dori să am bani și să nu depind de nimeni.
George	Deci ai vrea să câștigi la loterie.
Maria	Cine n-ar vrea!
George	Și n-ai mai lucra!
Maria	Ba da. Mi-ar plăcea să fiu biolog.
George	Dar asta înseamnă că ai sta tot timpul cu nasul în cărți și în eprubete!
Maria	Nu. Aș lucra opt luni pe an, iar în restul timpului, aș călători. Dar tu ce ai face?
George	Aș face exact același lucru.
Maria	Cum adică? Și tu ai vrea să faci biologie și să călătorești?
George	N-ai înțeles. N-aș schimba nimic. M-aș căsători cu aceeași femeie, aș urma aceeași facultate și mi-aș dori aceiași copii.
Maria	Ți-e teamă să visezi ...
George	Nu. Deocamdată sunt mulțumit. Mai târziu, cine știe ...?

Exercises

1 Choose the correct answers to the questions from the list provided below.

    a   Ce-ar face Maria dacă ar lua viața de la început?
    b   I-ar conveni să depindă de cineva?
    c   Câte luni pe an ar lucra?
    d   Ce-ar face George dacă s-ar mai naște odată?

    i   Ar vrea să fie biolog și ar călători.
    ii   Ar face aceleași lucruri.
    iii   Ar lucra opt luni pe an.
    iv   Nu i-ar conveni să depindă de nimeni.

2 Supply the correct emphatic forms of *to me*, *to you*, etc. following the example.

    Example: Ți-a plăcut filmul? Eu, el _____ _____.
               Mie mi-a plăcut, dar lui nu i-a plăcut.
    a   Ți-a plăcut filmul? Eu, el _____ _____.

b Vă place cartea? Noi, ea _____ _____.

c Le place să călătorească? Ei, noi _____ _____.

d Îți place acest apartament? Eu, ea _____ _____.

e Îi plac restaurantele? El, voi _____ _____.

f Vă place să faceți cumpărături? Noi, tu _____ _____.

g V-a plăcut scrisoarea lui? Noi, ele _____ _____.

h I-a plăcut vinul? El, eu _____ _____.

i Îți place teatrul? Eu, voi _____ _____.

3 Replace the present tense with the correct *would* forms.
 Example: Vrem să călătorim.
   Am vrea să călătorim.

a Vrem să călătorim.

b Poate veni la timp.

c Hoinăriți toată ziua.

d Dacă ai bani, cumperi această maşină.

e Mă duc să văd o expoziție.

f Asta înseamnă că merge cu noi la mare.

g Mănânci numai la restaurant dacă ai bani.

h Dacă nu munceşte, trăieşte pe spatele părinților.

4 Give the *would* form of the verb in brackets.
 Example: (a trebui) să plecăm cu trenul.
   Ar trebui să plecăm cu trenul.

a (**a trebui**) să plecăm cu trenul.

b Cine (**a-şi închipui**) asta?

c (**a putea**) să te ajut.

d Unde (**a vrea**) să luați masa.

e Eu (**a da**) telefon dacă (**a şti**) numărul.

f Ea (**a alege**) acelaşi vin.

g Noi (**a dori**) să veniți cu noi la munte.

h Eu (**a lua**) taxiul.

i Dumneavoastră (**a mânca**) la restaurant.

5 Answer the following questions according to the example.
 Example: Cui i-e foame? (Eu)
   Cui i-e foame? Mie mi-e foame.

a Cui i-e foame? (**Eu**)

b Cui i-e sete? (**Noi**)

c Cui i-e frică? (**Tu**)

d Cui i-e cald? Şi (**eu**) şi (**el**)

e Cui i-e indiferent? (**Ei**)

f Cui i-e frig? (**Voi**)

g Cui i-e somn? (**Ea**)

h Cui i-e rău? (**Ele**)

i Cui i-e dor? (**Eu**)

6   Translate into English:
   a   Ar trebui să mergem cu maşina dar ne este teamă că nu
        vom ajunge la timp.
   b   Ar fi bine dacă aţi putea vorbi cu ei.
   c   Ce-ai spune dacă l-ai vedea?
   d   Nu v-ar mai fi sete dacă aţi bea o bere.
   e   Ne-ar conveni să călătorim cu avionul.
   f   N-aţi sta aici toată vara.

7   Use the correct form of **acelaşi**.
   Example: Am vrea să luăm masa în acelaşi restaurant.
   a   Am vrea să luăm masa în _____ restaurant.
   b   Aţi putea vorbi cu _____ studente.
   c   Nu vedeţi niciodată _____ filme de două ori.
   d   El urmează _____ facultate.
   e   În _____ piaţă poţi găsi tot ce doreşti.
   f   Visează mereu _____ vis.
   g   La hotel văd _____ oameni.

▶ 8   Translate into Romanian:
   a   I was at the same hotel two or three times.
   b   Our friends travel three months each year.
   c   Maria spends the whole day with her nose buried in
        books.
   d   These children have everything they need.
   e   You don't like living off someone else.
   f   John says that if he could have his life over again he
        would still lead the same life.

9   Replace the possessive adjective with the *to me*, *to you*
    forms.
   Example: Am găsit cheile mele pe masă.
             Mi-am găsit cheile pe masă.
   a   Am găsit cheile mele pe masă.
   b   Nu aţi luat cărţile voastre.
   c   George ar trebui să termine cartea lui.
   d   Vreţi să închiriaţi apartamentul vostru.
   e   Va trebui să trăieşti viaţa ta.
   f   Vor să bea vinul lor.

13 recapitulare
revision

▶ **1** Listen to the recording and write out the text. If you don't have the recording read the transcription in the Key to the exercises on page 225.

2 Translate the text into English.

3 Supply the correct preposition.
   Example: Voiam să vă întreb dacă vreţi să mergeţi _____ mare săptămâna viitoare.
   Voiam să vă întreb dacă vreţi să mergeţi **la** mare săptămâna viitoare.

   a Voiam să vă întreb dacă vreţi să mergeţi _____ mare săptămâna viitoare.

   b De azi _____ o săptămână trebuie să plecăm _____ România.

   c De două ori _____ an mergem la munte _____ copiii noştri.

   d _____ ce pot să călătoresc, _____ trenul sau _____ avionul?

   e Doamna Georgescu vine mâine _____ Londra şi pleacă _____ o săptămână _____ Paris.

4 Answer the questions following the example.
   Example: Acesta este copilul dumneavoastră sau al lor?
   Este copilul meu.
   a Acesta este copilul dumneavoastră sau al lor?
   b Sunt bagajele tale sau ale lor?
   c Aceştia sunt colegii noştri sau ai tăi?
   d Aceasta este camera ta sau a lui?
   e Este maşina ta sau a noastră?
   f Acestea sunt valizele tale sau ale ei?

5 Replace the bold nouns with the correct form of *to him, to her, to them.*
   Example: Am spus **colegilor mei** că plec la mare de mâine într-o săptămână.
   Le-am spus că plec ...
   a Am spus **colegilor mei** că plec la mare de mâine într-o săptămână.
   b Aţi dat telefon **doamnei Pascali**?
   c Aş trimite nişte cărţi **prietenului meu**.
   d Veţi putea spune **vecinilor dumneavoastră** că vă mutaţi.
   e Scriam o scrisoare **soţiei mele**.
   f Am cerut **băiatului** să repare computerul.
   g Aţi dat bacşiş **şoferului**.

6 Use the correct reflexive pronouns.
   Example: _____ aş duce la piaţă.
                 M-aş duce la piaţă.
   a   _____ aş duce la piaţă.
   b   _____ va muta luna viitoare.
   c   Cum _____ numiţi?
   d   Vrem să _____ uităm la televizor.
   e   _____ întrebi cînd vine următorul tren?
   f   Ce _____ întîmplă cu el?
   g   _____ ducem la Viena.
   h   _____ treziţi prea devreme.

7 Answer the questions using the non-emphatic forms of _me,
   him, us,_ and so on.
   Example: Cumpăraţi casa? O cumpărăm.
   a   Cumpăraţi casa?
   b   Vedeţi filmul?
   c   O să ia trenul?
   d   Au găsit strada?
   e   Ai citit cartea?
   f   Aţi pierdut cheile?
   g   Aţi găsit biletele?
   h   Au luat copiii?

8 Repeat Exercise 7 following the example.
   Example: Cumpăraţi casa? N-o cumpărăm.

9 Replace the past tense with the _should_ forms.
   Example: Am făcut o călătorie lungă.
                 Am face o călătorie lungă.
   a   Am făcut o călătorie lungă.
   b   V-aţi întors la timp.
   c   S-au uitat la un film.
   d   Mi-am închipuit că sunt la mare.
   e   I-a plăcut cartea.
   f   Ne-am dus la un restaurant.

10 Repeat Exercise 8 using the three forms of the future.
   Example: Am făcut o călătorie lungă.
                 Voi face/o să fac/am să fac.

11 Use the pronouns according to the example.
   **Example: Mă trezesc, m-am trezit, o să mă trezesc la
                 ora 9.**
   a   Mă trezesc la ora 9.
   b   Ne sculăm devreme.
   c   Vă gândiţi des la Maria?

    d   Îşi imaginează că este bogat.

    e   Se crede Dumnezeu.

12 Following the example, use the emphatic form of the pronoun.

Example: **Le-am dat telefon. Lor le-am dat telefon.**

    a   Le-am dat telefon.

    b   V-am invitat la noi.

    c   Ţi-am cumpărat un ceas.

    d   I-am cerut biletul meu.

    e   Ne-a văzut la cinema.

    f   Mi-au vândut casa.

    g   Nu ţi-a spus?

    h   Am trimis-o la Paris.

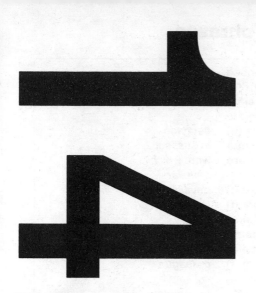

14 obiectele personale

people's belongings

In this unit you will learn
- more ways of expressing *of*
- how to say *mine, yours*
- how to ask *whose?*
- how to say *whom, which*
- the name of countries, towns and rivers

Key words and phrases

a acuza	*to accuse*
aeroport, aeroporturi (n)	*airport*
asociat, asociată, asociaţi, asociate	*associated*
bagaj, bagaje (n)	*baggage*
a bănui	*to suspect*
care	*who, which*
călător, călători (m)	*traveller*
călătoare, călătoare (f)	*traveller*
călătorie, călătorii (f)	*journey*
cămaşă, cămăşi (f)	*shirt*
a căuta	*to look for*
chiar	*even*
coleg, colegi (f)	*colleague*
colegă, colege (m)	*colleague*
a completa	*to complete*
complice, complici (m)	*accomplice*
a conţine	*to contain*
a declara	*to declare*
dialog, dialoguri (n)	*dialogue*
doar	*only*
drog, droguri (n)	*drug*
exact	*exactly*
formular, formulare (n)	*form*
frontieră, frontiere (f)	*frontier*
grănicer, grăniceri (m)	*border guard*
haină, haine (f)	*jacket, clothing*
iar	*and, but*
indispus, indispusă, indispuşi, indispuse	*irritated*
lămâie, lămâi (f)	*lemon*
lucru, lucruri	*thing*
măsură, măsuri (f)	*measure*
nevastă, neveste (f)	*wife*
paşaport, paşapoarte (n)	*passport*
a-şi permite	*to allow oneself*
a permite	*to permit*
a pierde	*to lose*
a privi	*to look at, to regard*
pungă, pungi (f)	*bag, pouch*
a purta	*to carry, to wear*

sare, săruri (f)	*salt*
soț, soți (m)	*husband*
soție, soții (f)	*wife*
suspiciune, suspiciuni (f)	*suspicion*
traficant, traficanți (m)	*trafficker (e.g. drugs trader)*
traficantă, traficante (f)	*trafficker*
stupefiat, stupefiata, stupefiați, stupefiate	*astounded*
valiză, valize (f)	*suitcase*
vamă, vămi (f)	*customs*
vameș, vameși (m)	*customs officer*
viză, vize (f)	*visa*
Ce păcat!	*What a pity!*
controlul bagajelor	*baggage clerk*
Nici gând.	*It didn't enter my mind.*
Nu mai spune!	*You don't say!*
om de afaceri	*businessman*
a scăpa ocazia	*to miss the opportunity*
a se ține de cuvânt	*to keep one's word*
zahăr pudră	*castor sugar*

Grammar

1 Others ways of saying 'of'

In Unit 9, you saw how Romanian expresses *of the*. When you want to say *of mine* or just *mine* and associated words in Romanian you use one of the following, depending on the type of noun:

	m	f	n
singular	**al**	**a**	**al**
plural	**ai**	**ale**	**ale**

Valiza este a mea.	*The case is mine.*
Apartamentul nu este al lui.	*The flat isn't his.*
Biletele acestea nu sunt ale lor.	*These tickets are not theirs.*
Copiii sunt ai noștri.	*The children are ours.*
Mașina este a ta?	*Is the car yours?*

a When using the indefinite form of the noun, (i.e. preceded by **un**, **o** or **niște**), **al** is also used to express *of*, but we may find it preceded by **de**:

o prietenă **de-a** mea	*a friend of mine*

un prieten **de-al** lui	*a friend of his*
niște studenți **de-ai** lor	*some students of theirs*
niște copii **de-ai** noștri	*some children of ours*
o studentă **de-a** ta	*a student of yours*

b Al and **a** are also used before *of the* and *of a* forms of the noun:

o problemă **a** aprovizionării	*a supply problem*
această abordare **a** problemei	*this approach to the problem*
această abordare **a** unei probleme	*this approach to a problem*
noul apartament **al** prietenilor noștri	*our friends' new flat*
documentele importante **ale** doamnei	*the lady's important documents*
visul grandios **al** unui politician	*a politician's grandiose dream*

Note, however, that when the *the* form of a noun directly precedes an *of the* or *of a* form **al** is no longer used. Refer back to Unit 9.

Compare:

| documentele importante ale doamnei | *the lady's important documents* |

with:

| documentele doamnei | *the lady's documents* |
| noul apartament al prietenilor noștri | *our friends' new flat* |

and:

| apartamentul prietenilor noștri | *the flat of our friends* |
| această abordare a problemei | *this approach to the problem* |

and:

| abordarea problemei | *the approach to the problem* |
| un ecou al trecutului | *an echo of the past* |

and:

| ecoul trecutului | *the echo of the past* |

c A alone is used with numbers:

| Sunt proprietar a două apartamente. | *I am the owner of two flats.* |

2 Asking 'whose?' and 'to whom?'

The **al** forms are also used to ask *whose?* in Romanian. You have been introduced to **cine** meaning *who* and **pe cine** *whom* in

Unit 10, page 103. *Whose* is indicated by using the form **cui** preceded by **al, a,** and so on, whose forms must agree with the thing possessed:

Al cui este acest bagaj?	*Whose luggage is this?*
Ai cui sunt copiii?	*Whose children are these?*
Ale cui sunt hârtiile?	*Whose papers are these?*
A cui este această pungă?	*Whose is this (plastic) bag?*

Cui on its own means *to whom?* It is used with the form *to him, to her.*

Cui îi scrii?	*Who are you writing to?*
Cui îi trebuie un pix?	*Who needs a ballpoint pen? (To whom is necessary a pen?)*
Cui îi foloseşte?	*Who does it benefit? (To whom is it useful?)*
Cui îi place filmul?	*Who likes the film? (To whom is the film pleasing?)*

Note that **al cui** and **cui** are used to introduce questions. They should not be confused with **care** which is explained below.

3 *Care* for saying 'who', 'which'

When you want to **say** rather than **ask** *who* and *which* in Romanian the word **care** is used. **Care**, however, can also mean *which one* in a question.

Acolo este studentul **care** se tot uită la mine.	*There is the student who keeps looking at me.*
Care zbor pleacă azi?	*Which flight is leaving today?*
Trenul **care** pleacă acum nu opreşte la Cluj.	*The train (which is) now leaving does not stop at Cluj.*
Ouăle **care** se vând în piaţă nu sunt proaspete.	*The eggs (which are) on sale in the market aren't fresh.*

a When denoting the object of a verb **care** is preceded by **pe** and must be supported by either **îl, o, îi** or **le** depending on the nature of the noun it follows. It is often translated by *that* in this context.

Este chiar restaurantul pe care îl caut.	*It is the very restaurant that I am looking for.*
Cartea pe care o citesc.	*The book which I am reading.*
Biletele pe care le-am cumpărat sunt bune.	*The tickets which I bought are good.*
banii pe care i-am cheltuit	*the money which I spent*

Note that in the above examples:

îl agrees with	**restaurant**
o	**cartea**
le	**biletele**
îi	**banii**

b To denote *whose* and *of which* these forms are used.

	m/n	**f**
singular	(al, a, ai, ale) **cărui**	(al, a, ai, ale) **cărei**
plural	(al, a, ai, ale) **căror**	(al, a, ai, ale) **căror**

Acesta este domnul a cărui valiză a dispărut.	*This is the man whose suitcase has disappeared.*
Este hotelul al cărui lift nu merge.	*It is the hotel whose lift doesn't work.*
Ai cărui vecin sunt acești câini?	*Which neighbour do these dogs belong to?*
Persoanele ale căror bilete sunt la recepție sunt invitate să le ridice.	*The persons whose tickets are at the reception are asked to collect them.*

In the above examples **cărui/cărei/căror** agree with the possessor and **al/a/ai/ale** with the thing possessed.

When **cărui, cărei** and **căror** stand on their own denoting a person they become **căruia, căreia** and **cărora:**

Al căruia dintre ei este pașaportul?	*Whose is the passport?*
A căreia dintre ele este mașina?	*Whose is the car?*

c The forms **cărui(a), cărei(a)** and **căror(a)** mean *to whom*. **Cărui(a)** and **cărei(a)** are supported by **îi** and **căror(a)?** by **le:**

Cărei doamne îi dați cărțile?	*To which lady are you giving the books?*
Căreia dintre ele i-ai trimis banii?	*To which of them (f) did you send the money?*
Căruia dintre ei i-ai trimis banii?	*To which of them (m) did you send the money?*
Institutele **cărora** le-am scris nu au răspuns.	*The institutes to which I wrote have not replied.*
Fata **căreia** i-am arătat poza	*The girl to whom I showed the photo*

d Other examples with **care**:

Aceasta este casa în care
stă el.
*This is the house in which
he lives.*

Restaurantul despre care am
vorbit este pe colţ.
*The restaurant about which I
spoke is on the corner.*

Prietenul cu care am venit
doarme.
*The friend with whom I came
is asleep.*

4 Some geographical names

a Countries

Most of them you will be able to recognize. Only a few countries outside Europe have not been listed since their names are the same as in English. With some less obvious names we have given you some help:

Uniunea Europeană (EU)
Comunitatea Statelor Independente (CSI)

America de Nord
Canada **Statele Unite** (US)

America centrală
Mexic

America de Sud
Argentina **Brazilia**

Africa
Maroc (Morocco) **Republica Sud-Africană**

Asia
China **Coreea de Nord**
Coreea de Sud **Japonia**

Europa
Albania	**Anglia** (England)
Austria	**Belgia**
Bulgaria	**Cehia**
Danemarca	**Elveţia** (Switzerland)

Finlanda	Franţa
Germania	Grecia
Irlanda	Islanda
Italia	Norvegia
Marea Britanie (Great Britain)	Polonia
Olanda	Scoţia
Portugalia	Suedia
Spania	Ungaria
Turcia	Uniunea Sovietică (USSR – now CIS, see above)
Ţara Galilor (Wales)	Slovacia
Croaţia	Slovenia

Orientul Mijlociu (The Middle East)

Arabia Saudită	Irak
Israel	Siria

b Rivers

Dunărea	*the Danube*	Rinul	*the Rhine*
Nistrul	*the Dniester*	Volga	*the Volga*
Oltul	*the Olt*	Tamisa	*the Thames*

c Cities

Cities (of Romania)	Cities (of Europe)
Bucureşti	**Londra**
Cluj	**Berlin**
Iaşi	**Paris**
Timişoara	**Roma**

All the above names act like nouns. You should therefore study these examples:

Roma este capitala Italiei.	*Rome is the capital of Italy.*
Centrul **Romei** este foarte curat.	*The centre of Rome is very clean.*
Delta Dunării este plină de peşte.	*The Danube Delta is full of fish.*
Clujul este aşezat pe râul Someş.	*Cluj is situated on the river Somes.*

1	Republica Cehă
2	Slovacia
3	Austria
4	Elveția
5	Croația
6	Ungaria
7	Bosnia
8	Serbia
9	Bulgaria
10	Grecia
11	Moldova

Romania's neighbours

or

Orașul **Cluj** este așezat pe râul Someș.	*Cluj is situated on the river Somes.*
Populația **Bucureștiului** este de două milioane de locuitori.	*Bucharest's population is two million.*

or

Populația orașului **București** este de două milioane de locuitori.	*Bucharest's population is two million.*
Copiii pleacă în **Mexic** iar părinții pleacă în **Franța**.	*The children are leaving for Mexico while the parents are off to France.*

d More about points of the compass

In Unit 5, you learnt the points of the compass. These too can act like nouns as the following examples will demonstrate:

Transilvania este în nordul României.	*Transylvania is in the north of Romania.*
Bucureștiul este în sudul țării.	*Bucharest is in the south of the country.*

Londra este în sud-estul Angliei.	*London is in the south-east of England (Britain).*

But note:

Oraşul Toronto este la nord de New York.	*Toronto is to the north of New York.*

ℹ The Danube Delta

One of Romania's greatest natural attractions is the Danube Delta, an area of marshland at the mouth of the river Danube. It grows each year with the deposits of sediment brought by the river and is almost the size of Luxembourg. As yet largely unspoilt and undeveloped, the delta is a nature reserve of unparalleled diversity in Europe. In its waters are to be found more than 60 species of fish, among them the sturgeon which is largely fished for its roe or caviar. More than 300 kinds of birds are indigenous to or visit the delta throughout the year and it is a popular location for bird watchers from all over the world. Among the exotic visitors are flamingoes from the Nile Delta, pelicans from the coasts of West Africa, and swans from Siberia.

The construction of a canal linking the Black Sea to the Danube has diverted some shipping from the delta channels and has reduced pollution of the waters. However, the bird life is under threat from plans to develop the delta for tourism.

▶ Dialogue

Trouble at the airport. George has to explain some suspicious-looking plastic bags in his luggage to a customs officer on the path of drug smugglers.

Vameşul	Aveţi ceva de declarat?
George	Sigur că am.
Vameşul	Unde e formularul?
George	Care formular?
Vameşul	Formularul pe care l-aţi completat.
George	N-am completat nici un formular.
Vameşul	Dar aţi spus că aveţi lucruri de declarat.
George	Cine a spus că am lucruri de declarat?
Vameşul	Dumneavoastră!
George	Cui i-am spus?
Vameşul	Mie.
George	Nici gând. Eu vreau doar să declar că această valiză pe care aţi deschis-o nu este a mea.

Vameşul	Dar a cui?
George	A colegului meu.
Vameşul	Şi unde este valiza dumneavoastră?
George	Chiar aici, lângă valiza deschisă.
Vameşul	De unde pot şti că această valiză care pare să conţină droguri nu este a dumneavoastră?
George	Simplu. Uitaţi-vă la haine şi vedeţi ce măsură au.
Vameşul	Cămăşile sunt măsura 44.
George	Exact. Iar eu am 39, sunt om de afaceri, şi nu-mi permit să port cămăşi cu cinci numere mai mari.
Vameşul	Deci nu sunteţi traficant de droguri.
George	Bănuiesc că nici colegul meu a cărui valiză aţi deschis-o.
Vameşul	Dar ce credeţi că are în aceste pungi de plastic?
George	Zahăr pudră.
Vameşul	De unde ştiţi?
George	Eu i l-am cumpărat pentru că el n-a avut timp de cumpărături.
Vameşul	Şi cine are nevoie de zahăr pudră?
George	Îi trebuie nevestei unui asociat al colegului meu. Colegul meu i-a promis că-i aduce ...
Vameşul	(stupefiat) Dar avem în ţară zahăr pudră!
George	Această doamnă avea nevoie de el acum 6 ani, iar colegul meu de-abia acum şi-a amintit şi a vrut să se ţină de cuvânt ...

Exercises

▶ **1** If you have the recording listen to the following dialogue and write it out. If you don't have the recording read the dialogue in the Key to the exercises on page 225.

2 Translate the text of the dialogue.

3 Choose the correct answer from the list below.
   Example: Cine are nevoie de viză de intrare pe paşaport?
   Turiştii.
   a   Cine are nevoie de viză de intrare pe paşaport?
   b   Cui trebuie să-i arătăm paşaportul?
   c   Cine ne întreabă dacă avem ceva de declarat?
   d   Al cui este acest bagaj?
   e   Ale cui sunt acele valize?
   f   Ai cui sunt copiii?
   g   A cui este această pungă?
   h   Pe cine trebuie să ajut la bagaje?

i   La cine staţi în România?
j   Cu cine călătoriţi?

i	Grănicerului.	vi	La nişte prieteni.
ii	Turiştii.	vii	Ai prietenilor noştri.
iii	Cu soţia mea.	viii	Vameşul.
iv	A mea.	ix	Pe acea doamnă.
v	Ale noastre.	x	Al meu.

▶ 4 Here are the answers to some questions. Ask the appropriate questions.

Example (a): Este valiza mea.
A cui este valiza?
a   Este valiza mea.
b   Noi putem să vă ajutăm.
c   Copilul călătoreşte cu mine.
d   Este haina acelui domn.
e   Paşaportul este al meu.
f   Eu am nevoie de viză de intrare.
g   Pe el puteţi să-l întrebaţi.

5   Answer the questions following the example.
Example: Este paşaportul dumneavoastră?
Nu, nu este al meu.
a   Este paşaportul dumneavoastră?
b   Este maşina ta?
c   Sunt copiii ei?
d   Sunt valizele tale?
e   Este casa lui?
f   Sunt biletele voastre?
g   Este apartamentul lor?
h   Sunt colegii tăi?

6   Complete the blanks with **al, a, ai, ale**.
Example: Ai văzut noul apartament al prietenilor noştri?
a   Ai văzut noul apartament _____ prietenilor noştri?
b   Nişte studenţi de _____ lui au mâine examen.
c   Un coleg de _____ nostru vine azi să ne vadă.
d   Noua maşină _____ soţiei mele este foarte bună.
e   Am telefonat unor vecine de _____ mele.
f   Aceştia sunt nişte asociaţi _____ domnului Popescu.
g   Acum pleacă în Franţa o colegă _____ fiului meu.

7   Translate into English:
a   Care este colegul domnului Porter?
b   Pe care din ele o cumpăraţi?
c   Care este avionul dumneavoastră?

d Cărui vameş i-aţi dat formularul?

e Ai cărui vecin sunt aceşti câini?

f Cărei doamne îi daţi cărţile?

g Al căruia dintre ei este paşaportul?

8 Supply the correct form of **care.**

Example: Doamna căreia i-am dat telefon este secretară.

a Doamna _____ i-am dat telefon este secretară.

b Acesta este domnul _____ valiză aţi deschis-o.

c Este chiar restaurantul _____ îl căutaţi.

d Cartea _____ o citesc este a unui coleg de-al meu.

e Ziarele _____ sunt pe masă sunt ale lor.

f Acesta este grănicerul _____ i-am dat paşaportul.

g Este hotelul _____ lift nu merge.

9 Translate Exercise 8 into English.

10 Use the correct forms for *mine* to answer the following.

Example: Acesta este copilul dumneavoastră sau al lor?

Este al meu.

a Acesta este copilul dumneavoastră sau al lor?

b Sunt bagajele tale sau ale lor?

c Aceştia sunt colegii noştri sau ai tăi?

d Aceasta este camera ta sau a lui?

e Este maşina ta sau a noastră?

f Acestea sunt valizele tale sau ale ei?

15

descrind
oameni și
obiecte

describing people and objects

In this unit you will learn
- how to use adjectives before the noun
- how to say *the best, the biggest*, etc.
- how to express notions such as *I am invited, it was sent*, etc.

Key words and phrases

a arde	*to burn*
bar, baruri (n)	*bar*
a se bronza	*to get a tan*
cabină, cabine (f)	*cabin*
canistră, canistre (f)	*canister*
cert	*certain*
câtva, câtăva, câțiva, câteva	*some, several*
club, cluburi (n)	*club*
cort, corturi (n)	*tent*
fost, fostă, foști, foste	*former*
mal, maluri (n)	*river bank*
a obliga	*to force*
obligat, obligată, obligați, obligate	*obliged*
a opri	*to stop*
fumatul	*smoking*
gros, groasă, groși, groase	*thick, deep (of voice)*
ideal, ideală, ideali, ideale	*ideal*
inteligent, inteligentă, inteligenți, inteligente	*intelligent*
a interzice	*to forbid*
încărcat, încărcată, încărcați, încărcate	*loaded*
a înota	*to swim*
librărie, librării (f)	*bookshop*
tip, tipi (m)	*guy, chap*
tipă, tipe (f)	*girl, woman*
umbrelă, umbrele (f)	*umbrella*
a umple	*to fill*
piesă, piese (f)	*play (drama), part (machine)*
piscină, piscine (f)	*swimming pool*
plajă, plaje (f)	*beach*
a se plictisi	*to get bored*
primul, prima, primii, primele	*the first*
rezervor, rezervoare (f)	*(fuel, storage) tank*
rucsac, rucsacuri (f)	*rucksack*
sat, sate (n)	*village*
șezlong, șezlonguri (n)	*deckchair*
a sfătui	*to advise*
soare, sori (m)	*sun*
spectacol, spectacole (n)	*show*

stațiune, stațiuni (f)	resort
tare	strong
teleferic, teleferice (n)	cable railway
teren, terenuri (n)	pitch (sport), ground
a urca	to climb
a se urca	to climb
Asta-i bine.	That's good.
a avea chef să	to feel like (doing)
a avea probleme	to have problems
costum de baie	bathing costumes
de rezervă	spare
e în regulă	it's OK
a face plinul	to fill the petrol tank (car)
în cel mai bun caz	at best
În cel mai rău caz.	If the worst comes to the worst.
în mod cert	certainly
în toiul verii	at the height of summer
la nevoie	in case of need
a merge pe munte	to go walking/ climbing in the mountains
a urca pe munte	to go climbing in the mountains

Grammar

1 More about the use of adjectives

In Unit 5, you were introduced to the use of adjectives and were told that in Romanian they usually follow the noun. However, some common adjectives are often used before the noun for emphasis. This is particularly true of **mare** *big* and **mic** *small*, e.g.

un **mare** eveniment	*a great event*
o **mică** dispută	*a small argument*
mari greutăți	*great difficulties*

When the noun expresses *the* and is preceded by the adjective, the latter carries the *the* endings. Following the pattern of adjectives presented in Unit 5 you can see the following forms:

a Four-form adjectives

Bunul Dumnezeu	*the Good Lord*
frumosul prinț	*the handsome prince*
bunii mei prieteni	*my good friends*
splendida cetate	*the splendid citadel*

frumoasele cărţi	*the beautiful books*
faimoasele ruine	*the famous ruins*

b Three-form adjectives

micul ecran	*the small screen (i.e. TV)*
mica publicitate	*small advertisements*
micile dificultăţi	*the small difficulties*
obositorul drum	*the tiring journey*
obositoarele şedinţe	*the tiring meetings*

c Two-form adjectives

Marea Britanie	*Great Britain*
marea mea dragoste	*my great love*
marile speranţe	*great expectations*
dulcele vis	*the sweet dream*
dulcile tale iluzii	*your sweet illusions*

d Further examples

sfârşitul lungii perioade de conflict	*the end of the long period of conflict*
paginile marelui dicţionar	*the pages of the great dictionary*
moartea marelui conducător	*the death of the great leader*

Note that in examples such as:

bunii mei prieteni	*my good friends*
marea mea dragoste	*my great love*

the adjective can also follow, but in such cases it is preceded by
cel which is introduced below.

prietenii mei cei buni	*my good friends*
dragostea mea cea mare	*my great love*

2 *Cel, cea, cei, cele*

Cel is a reduced form of acel *that* which you saw in Unit 10,
pages 97–9, and has the same endings. It does not have the force
of *that*, but is like an emphatic *the* in English. Cel is often used
with care in expressions meaning *the one(s) who*. Here are its
forms:

Masculine	
cel care	*the one who*
celui care	*to/of the one who*
cei care	*the ones who*
celor care	*to/of the ones who*

Feminine	
cea care	*the one who*
celei care	*to/of the one who*
cele care	*the ones who*
celor care	*to/of the ones who*

Neuter	
cel care	*the one who*
celui care	*to/of the one who*
cele care	*the ones who*
celor care	*to/of the ones who*

Cel care se uită la noi este directorul fabricii.	*The one looking at us is the factory boss.*
Aceasta este soţia **celui care** ne-a dat florile.	*She is the wife of the one who gave us the flowers.*

a You may also find **cel** either before of after the noun. Like **acel** it requires the noun it follows to carry the *the* form:

cele şapte taine	*the Seven Sacraments*
cele zece porunci	*the Ten Commandments*
Albă ca Zăpada şi **cei** şapte pitici	*Snow White and the Seven Dwarfs*
Ştefan **cel** Mare	*Stephen the Great*
prietenul meu **cel** bun	*my good friend*

b Notions like *the best, the worst*, which are called superlatives are expressed by **cel mai** plus an adverb.

cel mai prost	*worst*
cel mai bine	*best*
cel mai mult	*the most*
cel mai repede	*the quickest*

c Similarly superlative adjectives such as *the biggest, the smallest* are formed by **cel mai** plus an adjective. Note that both **cel** and the adjective must agree with the noun. Here is a table of examples with **bun**:

Masculine

cel mai bun prieten	*the best friend*
celui mai bun prieten	*to/of the best friend*
cei mai buni prieteni	*the best friends*
celor mai buni prieteni	*to/of the best friends*

Feminine

cea mai bună prietenă	*the best friend*
celei mai bune prietene	*to/of the best friend*
cele mai bune prietene	*the best friends*
celor mai bune prietene	*to/of the best friends*

Neuter

cel mai bun proiect	*the best design*
celui mai bun proiect	*to/of the best design*
cele mai bune proiecte	*the best designs*
celor mai bune proiecte	*to/of the best designs*

Cei mai buni cârnați se vând la Cluj.	*The best sausages are sold in Cluj.*
Casa Republicii este cea mai mare clădire din Europa.	*The House of the Republic is the largest building in Europe.*
Fratele celui mai bun prieten al meu se însoară azi.	*My best friend's brother is getting married today.*

When the superlative adjective follows the noun the latter carries the *the* ending:

Ea are vocea cea mai ascuțită din clasă.	*She has the highest pitched voice in the class.*
Clădirea cea mai înaltă din lume.	*The tallest building in the world.*

3 Expressions in the past such as 'I am invited', 'it was written'

You were introduced to the past tense in Unit 9 (see pages 83–6). You saw that it was formed by combining reduced forms of **a avea** *to have* with a special form of the verb known as the past participle, e.g.

am lucrat	*I have worked, I worked, I did work*
am văzut	*I have seen, I saw, I did see*
am mers	*I have gone, I went, I did go*
am dorit	*I have wished, I wished, I did wish*

As these examples show, the form of the past participle (**lucrat, mers**) varies according to the type of verb.

a The past participle, with meanings such as *invited, inspected, written* is also used to form what is known as the passive voice with the verb **a fi** *to be*, e.g.

| Sunt **invitat** la o masă. | *I am invited to a meal.* |
| Am **fost chemat** la minister. | *I have been summoned to the ministry.* |

When used in this way the past participle performs like an adjective, in other words it must agree with the subject:

Ei **sunt invitaţi** la un cocteil.	*They are invited to a cocktail party.*
Aceste cărţi **sunt scrise** în englezeşte.	*These books are written in English.*
Ele **vor fi informate** luni.	*They will be informed on Monday.*

b Past participles are indeed often used as adjectives:

| Aceste camere **sunt ocupate**. | *These rooms are occupied.* |
| Fostul preşedinte a **fost numit** directorul băncii. | *The former president was named director of the bank.* |

c They can also act as nouns:

| Pe acea uşă era scris **'fumatul** interzis'. | *On that door was written 'smoking prohibited'.* |

In the above example there are in fact three past participles – **scris, fumat** and **interzis. Fumatul** is the noun and carries the *the* form.

| **Scrisul** lui este foarte elegant. | *His handwriting is very elegant.* |

Past participles can also form part of a noun:

o maşină de **spălat**	*a washing machine*
o maşină de **scris**	*a typewriter*
o maşină de **copiat**	*a photocopier*
un fier de **călcat**	*an iron*
hârtie de **scris**	*writing paper*

d Preceded by **de** they correspond to an English infinitive, i.e. *to do, to hire*:

Ce este **de făcut**?	*What is to be done?*
Mai am câteva pagini **de citit**.	*I've got a few more pages to read.*
Ai 50 de lei **de plătit**.	*You've got 50 lei to pay.*
Scrisul lui este elegant şi uşor **de citit**.	*His handwriting is elegant and easy to read.*
Apartamentul este **de închiriat**.	*The flat is for rent.*
Este bine **de ştiut** dacă benzinăriile sunt deschise.	*It is a good thing to know if the petrol stations are open.*

Note:

uşor **de** citit	*easy to read*
bine **de** ştiut	*good to know*
greu **de** făcut	*difficult to do*

4 'Anything', 'anyone', 'anybody'

orice	*anything*
oricine	*anyone*
oriunde	*anywhere*
oricum	*anyhow*
oricât	*however much*

Oricine poate învăţa limba
română.
Anyone can learn Romanian.

Fac **orice** ca să plec.
I'll do anything to leave.

Oricum nu avem ce pierde.
*Anyhow we've got nothing
to lose.*

Oricât încerci, n-o să reuşeşti.
*However much you try, you
won't succeed.*

Oriunde te uiţi, vezi afişe cu
lozinci.
*Wherever you look, you see
posters with slogans.*

ℹ️ Farms and vineyards

Almost two-thirds of Romania is farmland. The principal crops are
maize and wheat and the province of Wallachia is an important region
for growing both. Moldavia and Transylvania are also fertile arable
areas but are equally important for cattle raising. In addition to maize
and wheat, Romania produces large quanities of sunflowers used for
making vegetable oil for cooking.

Romania is notable for its production of fruit and vegetables. Of the
former, plums and apples are most plentiful, the plum being crushed
and distilled to make a brandy called **ţuică**. Many peasants make their
own **ţuică** and wine from the grapes which you will invariably find
covering the hill-slopes of Transylvania and Moldavia. There are also
many state-owned vineyards which produce excellent wines. As a
result of a Land Reform introduced in 1991, 60 per cent of the land
which was nationalized without compensation by the Communist
government in 1949 was returned to its owners, but a significant
proportion still remains under state control.

Shopping

Shopping is Romanian cities is much like in other parts of Europe.

SUPERMARKETURI

CARREFOUR www.carrefour.ro
Autostrada București-Pitești Km 11.4, Tel: 430 55 70
Program: 9.30–22.30 Luni-Sâmbătă (sărbători);
9.30–20.00 Duminică
Parcare gratuita, livrare gratuită la domiciliu pentru produse cu volum mare pe maxim 30km, plata cu card sau ticket restaurant, acces liber.

GIMA Superstore
București MALL Calea Vitan nr.55–59
Tel: 327 67 40
Parcare complex, plata card, acces liber
Clienții fideli primesc GIMA Card

BILLA
Billa Drumul Taberei
Str. Brașov nr. 23A Tel: 413 73 59
Billa Titan
Str. Postăvarul 24-52 Tel: 345 27 51
Program: 8.00–21.00 Luni-Sâmbătă
9.00–18.00 Duminică.
Parcare gratuită, acces liber.

XXL MegaDiscount
Șos. Fundeni nr. 38-40
Tel: 255.40.85; 255.35.38

METRO Cash & Carry www.metro.ro
Metro Militari
Bd. Iuliu Maniu 500; Tel: 434.12.65
Metro Otopeni
Șos. București-Ploiești nr. 289, Tel: 236.14.00
Metro Voluntari
DN2, Șos. Afumați km 10, Tel: 241.15.30
Program: 6.00–21.00 Luni-Sâmbătă; 8.00–18.00 Duminică
Parcare gratuită (parțial acoperită), plata cu card BCIT sau cecuri simple, acces pe baz de card client.

LA FOURMI
Bd. Ion Mihalache nr. 58, Tel: 222.97.44
Calea 13 Septembrie nr. 65-67, Tel: 410.14.50
Magazinul Unirea (subsol), Tel; 312.40.25
Str. Traian nr. 191 (colț cu Cal. Moșilor), Tel: 210.23.36
Str. Râmnicu Sărat nr. 19 (Dristor) Tel: 344.36.40
Bd. Camil Ressu nr. 6, Tel: 324.68.41
Cal. Griviței nr. 399, Tel: 224.40.79

▶ Dialogue

George is wondering where to go for a break.

George	Aş vrea să mă duc câteva zile la mare. Unde mă sfătuieşti să merg? Unde crezi că ar fi cel mai bine?
Radu	Depinde ce-ţi place: să stai la un hotel într-o staţiune cu viaţă de noapte, baruri, cluburi, terenuri de tenis şi golf sau poate preferi o casă de ţară într-un sat.
George	În mod cert prefer să am apă caldă toată ziua.
Radu	Atunci să te duci la Olimp, la Jupiter sau la Mamaia. Ai şi piscine dacă nu-ţi place să înoţi în mare. Pe plajă sunt cabine unde îţi poţi schimba costumul de baie.
George	Dar poţi găsi umbrele şi şezlonguri de închiriat?
Radu	Bine, nţeles.
George	Asta-i bine. Nu-mi place să fiu prea bronzat şi nici să mă ardă soarele prea tare, mai ales în primele zile.
Radu	N-ai vrea să vii cu mine la munte? Te bronzezi mai frumos pe munte. Uite, plecăm mâine, luăm cortul şi dacă n-avem chef să urcăm pe jos, mergem cu telefericul.
George	Nu, mulţumesc. Sunt un tip comod. Nu vreau să fiu obligat să port rucsacul în spate, încărcat cu haine groase, în toiul verii. Pentru mine vacanţa ideală e cea petrecută pe malul mării, sub o umbrelă, cu o carte de citit.
Radu	E în regulă. Dacă mergi cu maşina, să faci plinul şi să iei şi o canistră cu benzină de rezervă.
George	Cum adică 'să faci plinul'?
Radu	Să ceri să-ţi umple rezervorul cu benzină.
George	Aha! Am înţeles! Crezi că s-ar putea să am probleme cu benzina?
Radu	Nu cred, sunt sigur.
George	Eh! Când ai probleme, n-ai timp să te plictiseşti. Asta-i bine.

Exercises

1 Listen to the recording, or read the dialogue again, and give the reasons why George prefers to go to the seaside.

2 Translate into English:
   a Cel care vine acum spre noi este Adrian.
   b Maria este cea pe care trebuie s-o întrebi acest lucru.
   c Dumneavoastră sunteţi cel căruia îi place să stea la soare.

d   Victor şi Maria sunt cei cărora le telefonez.
e   Mă întrebi unde este umbrela sub care stă George? Este
    cea roşie de acolo.
f   Prietenii buni sunt cei care te ajută la nevoie.

3   Put the adjective and adverbs into the superlative.
    Example: Este o piesă bună.
                Este cea mai bună piesă.
a   Este o piesă bună.
b   Aceştia sunt studenţi inteligenţi.
c   Sunt prietenele mele bune.
d   Unde este un restaurant bun?
e   În această librărie poţi găsi cărţi bune şi interesante.
f   Radu se bronzează repede.
g   La mare ne simţim bine.
h   Este un computer scump.

▶ 4 Translate into Romanian:
a   At best they will find two tickets just before the
    performance begins.
b   If the worst comes to the worst you could go by taxi.
c   Who is his best friend?
d   This was the most difficult exam.
e   They think that these towns are the most beautiful.

5   Choose the right words from the list below to complete the
    sentences.
    Example: George este chemat de profesor.
a   George este _____ de profesor.
b   Acest apartament este _____ de domnul Georgescu.
c   Locurile sunt _____ de două doamne.
d   Pachetul este _____ de soţul meu.
e   Suntem _____ la o petrecere.
f   Aceste cărţi sunt _____ de toţi prietenii mei.
g   Scrisoarea este _____ de această secretară.

i   scrisă   v   chemat
ii   invitaţi   vi   închiriat
iii citite   vii ocupate
iv   trimis

6   Rewrite Exercise 5 using the verbs of the past.
    Example: George a fost chemat de profesor.

7   Translate Exercise 5 into English.

8 Replace the verbs in brackets with the past participle.
Example: **Azi am multe de făcut.**
   a   Azi am multe de (**a face**).
   b   Ai ceva de (**a citi**)?
   c   Pe acea uşă era (**a scrie**): 'Fumatul (**a interzice**)'.
   d   Acolo este (**a scrie**): 'Intrarea oprită'.
   e   Cine ştie dacă acest apartament este (**a închiria**)?
   f   Este bine de (**a şti**) cât costă o cameră la hotel.
   g   Uşor de (**a zice**), greu de (**a face**).
   h   Sunt multe de (**a vedea**).

6

cum să comanzi

being authoritative

In this unit you will learn
- how to manage when you need a doctor
- to issue commands like *come here*
- to say *the one, the other, each*

Key words and phrases

aer (n)	*air*
amândoi, amândouă	*both*
aproape	*nearby*
a asculta	*to follow what someone is saying*
boală, boli (f)	*illness*
calmant, calmante (n)	*painkillers*
cap, capete (n)	*head*
a se dezbrăca	*to get undressed*
diagnostic, diagnostice (n)	*diagnosis*
a durea	*to hurt*
gata	*ready*
gât, gâturi (n)	*neck, throat*
grijă, griji (f)	*care, concern*
guturai (n)	*(head) cold*
injecție, injecții (f)	*injection*
a înghiți	*to swallow*
îngrijorat, îngrijorată, îngrijorați, îngrijorate	*worried*
a se înroși	*to turn red*
a se întinde	*to stretch*
ipohondru, ipohondră	*hypochondriac*
limbă, limbi (f)	*tongue, language*
a mulțumi	*to thank*
penicilină (f)	*penicillin*
piept, piepturi (n)	*breast, chest*
a pișca	*to sting*
plămân, plămâni (m)	*lung*
radiografie	*X-ray*
răceală, răceli (f)	*cold*
a răci	*to catch cold*
răsfățat, răsfățată, răsfățați, răsfățate	*pampered, spoilt*
război, războaie (n)	*war*
a respira	*to breathe*
rețetă, rețete (f)	*prescription*
a ridica	*to raise, to lift up*
a se ridica	*to rise up*
sănătos, sănătoasă, sănătoși, sănătoase	*healthy*
a se plânge	*to complain*

a scoate	to extract
a se scuza	to apologize
seringă, seringi (f)	syringe
singur, singură, singuri, singure	on one's own
sirop, siropuri (n)	syrup, fruit drink
a se speria	to be frightened
temperatură, temperaturi (f)	temperature
tensiune (f)	blood pressure
tratament, tratamente (n)	treatment
tuse (f)	cough
a tuşi	to cough
a ţine	to hold
a uita	to forget
a ustura	to smart
vitamină, vitamine (f)	vitamin
a avea guturai	to have a head cold
a avea ameţeli	to feel dizzy
a avea tensiune	to have blood pressure
a bate la cap	to pester
cel de-al doilea război mondial	the Second World War
Cum te cheamă?	What is your name? (lit. what do they call you?)
a face o injecţie	to have an injection
a fi răcit	to have a cold
Îl doare capul.	He has a headache. (lit. the head hurts him)
în primul rând	in the first place
a lua tensiunea	to take (someone's) blood pressure
Sănătate!	Good health!
ş.a.m.d. = şi aşa mai departe	and so on

Grammar

1 Ailments

When expressing ailments in Romanian the verb **a durea** *to hurt* is used. It behaves differently from English *hurts* as the following examples show. A literal translation is given in brackets:

Mă doare capul.	*I have a headache (me hurts the head).*
O doare spatele.	*Her back hurts (her hurts the back).*

Te **doare** un dinte?	*Do you have a toothache?*
	(you hurts a tooth?)
Îl **doare** în gât.	*He has a sore throat (him hurts*
	in the throat).
Mă dor picioarele.	*My legs ache (me hurt the*
	legs).
A **durut**-o spatele.	*Her back hurt (hurt her*
	the back).
Pe ei i-**au durut** mâinile.	*Their hands hurt them*
	(them hurt the hands).

A ustura *to smart* is used like **durea**:

| **Mă ustură** ochii. | *My eyes are smarting.* |

Note also:

Mi se înroşesc ochii.	*My eyes are turning red*
	(to me they are turning red
	the eyes).

2 Giving instructions and commands

Romanian verbs, like English ones, have a special form for giving orders called the imperative. Commands like *send him back!*, *shut up!*, *clear off!* are rendered in this form which is not easy to formulate in Romanian. Fortunately, you can also use **să** forms (see Unit 7, page 61) to indicate a gentle command such as:

Să nu faceţi zgomot!	*Don't make any noise!*
Să nu-l invitaţi la noi!	*Don't invite him to our house!*
Să nu pleci!	*Don't leave!*

You cannot, however avoid the imperative as you will need to be able to recognize it, even if you prefer to use a **să** form. Here are some rules to help you identify and use it.

a In the singular (i.e. when addressing one person), the imperative is often the same form as the *you* form of the present, especially if the verb is not normally used with an object:

Taci!	*Be quiet!*
Fugi de aici!	*Get away from here!*
Mergi!	*Go!*

A small number of verbs that are used with an object belong to this category:

| Vezi! | *See!* |

However, most verbs with an object use the *he*, *she* and *it* form of the verb:

Trimite-l acasă!	*Send him home!*
Pune-o pe masă!	*Put it on the table!*
Şterge parbrizul!	*Wipe the windscreen!*

A useful tip is to note that all **a-** type verbs and all those with *he* and *she* forms in **-eşte** and **-oară** form the singular imperative from the *he*, *she* and *it* forms:

Cântă!	*Sing!*
Vorbeşte!	*Speak!*
Coboară!	*Come down!*

Some of the most commonly used verbs have short, unusual forms:

Dă!	*Give!*
Fii!	*Be!*
Vino!	*Come!*
Ia!	*Take!*
Fă!	*Do!*
Zi!	*Say!*

b The plural of the imperative is more straightforward. It is simply the same in all cases as the plural *you* form of the present:

Cântaţi!	*Sing!*
Tăceţi!	*Be quiet!*
Veniţi!	*Come!*
Daţi!	*Give!*
Faceţi!	*Do!*

But note the exception:

Fiţi!	*Be!*

c Negative commands addressed to one person by *don't* are formed with **nu** followed by the infinitive without **a**:

Nu veni!	*Don't come!*
Nu pleca!	*Don't leave!*
Nu vorbi!	*Don't speak!*

d The negative plural is the same as the negative plural *you* form of the present:

Nu veniţi!	*Don't come!*
Nu plecaţi!	*Don't leave!*
Nu fumaţi!	*Don't smoke!*

But:

Nu fiți naiv(i)!   *Don't be naive!*

e Reflexive verbs in the singular use the *he, she* or *it* form of the present and append -te.

Uită-te (shortened to Uite!)	*Look!*
Trezește-te!	*Wake up!*
Grăbește-te!	*Hurry up!*

The most common example of the singular reflexive is provided by the irregular **du-te** which is used in swearing and cursing:

Du-te dracului!   *Go to hell!* (lit. *go to the devil!*)

f In the plural, reflexive verbs add -vă to the plural *you* form of the present:

Sculați-vă!	*Get up!*
Duceți-vă!	*Go!*
Potoliți-vă!	*Calm down!*

g The *don't* forms of the reflexive verbs are the same as those of ordinary verbs, except that **te** and **vă** precede the verb:

Nu te uita!	*Don't look!*
Nu vă uitați!	*Don't look!*
Nu te plânge!	*Don't complain!*
Nu vă plângeți!	*Don't complain!*
Nu te grăbi!	*Don't hurry!*
Nu vă grăbiți!	*Don't hurry!*

h Note the position of the *me, to me, him, to him, her, to her* etc. forms in the following examples:

Lasă-l!	*Leave him!*
Lăsați-l!	*Leave him!*
Las-o!	*Leave her/it!*
Lăsați-o!	*Leave her/it!*
Lasă-mi banii!	*Leave me the money!*
Lăsați-mi banii!	*Leave me the money!*
Lasă-mă în pace!	*Leave me alone!*
Lăsați-le în pace!	*Leave them alone!*

In the dialogue listen carefully to the pronunciation of such expressions as **duceți-vă** and compare the pronunciation of the -i with its value in **uitați** and **dați**.

i In *don't* constructions the *me, to me, him, to him, her, to her,* etc. forms precede the verb:

Nu-l lăsa!	Don't leave him!
Nu-l lăsați!	Don't leave him!
Nu o lăsa!	Don't leave her!
Nu o lăsați!	Don't leave her!
Nu-mi lăsa banii!	Don't leave me the money!
Nu-mi lăsați banii!	Don't leave me the money!

3 Saying 'one of', 'some of', 'others'

a *One of / some of* are expressed by forms of **unul**:

masculine/neuter		feminine	
unul	one of	**una**	one of
unuia	of/to one of	**uneia**	of/to one of
unii	some of	**unele**	some of
unora	of/to some of	**unora**	of/to some of

Unul din noi este un mincinos.	*One of us is a liar.*
Una din fete este bolnavă.	*One of the girls is ill.*
Unii din copii au plecat acasă.	*Some of the children have gone home.*
Unele din infirmiere nu fac nimic.	*Some of the nurses don't do anything.*
Unora nu le convine orarul.	*The timetable doesn't suit some of them.*

Note the use of **pe** in the following:

I-am văzut **pe unii** aruncând sticle.	*I saw some (of them) throwing bottles.*
L-am rugat **pe unul** din doctori să mă ajute.	*I asked one of the doctors to help me.*

Unul and **una** may also stand before nouns:

Unii mineri sunt cu guvernul.	*Some miners are on the side of the government.*

When used thus **unora** becomes **unor**:

Unor spectatori nu le-a plăcut.	*Some spectators didn't like it.*

b These forms require **nu** before the verb.

Nici un autobuz nu oprește la hotelul Astoria.	*Not one bus stops at the Hotel Astoria.*
Nici unul nu oprește.	*Not one stops.*

Nici o chelneriță n-a vrut să ne   *Not one waitress wanted to*
    ia comanda.   *take our order.*
Nici una n-a vrut.   *Not one of them wanted to.*

c *Other, another* can be expressed by both **alt** and **altul**. Alt is
used before a noun:

masculine/neuter		feminine	
alt	other	**altă**	other
altui	of/to another	**altei**	of/to another
alți	others	**alte**	others
altor	of/to others	**altor**	of/to others

Alți deputați au votat contra.   *Other deputies voted against.*
Ei folosesc **alte** criterii.   *They used other criteria.*

Altul also stands on its own:

masculine/neuter	feminine
altul	**alta**
altuia	**alteia**
alții	**altele**
altora	**altora**

Unii au votat pentru, **alții**   *Some voted for, others against.*
    contra.
Unora le-a plăcut concertul,   *Some liked the concert, others*
    altora nu.   *didn't.*

d *The other* as opposed to *other* is rendered by **celălalt** which is
a combination of **cel** and **alt**, both of which have to agree with
the noun. The same form is used whether it stands before a noun
or on its own:

masculine/neuter		feminine	
celălalt	the other	**cealaltă**	the other
celuilalt	of/to the other	**celeilalte**	of/to the other
ceilalți	the others	**celelalte**	the others
celorlalți	of/to the others	**celorlalte**	of/to the others

Cealaltă mașină este cea pe   *The other car is the one I am*
    care o caut.   *looking for.*
Locurile **celorlalți** sunt mult   *The other people's seats are*
    mai bune.   *much better.*

4 'Each' and 'both'

a **Fiecare** *each* has the same forms as **care** (see Unit 14, page 141). Here are some examples of its use:

Fiecare trebuie să aibă grijă de bagajele lui.	*Each person must look after his own baggage.*
Fiecare copil are patul lui.	*Each child has his own bed.*
Să-i dăm **fiecărei** infirmiere un cadou?	*Shall we give each nurse a present?*
I-am trimis **fiecărui** prieten o carte poştală.	*I send each friend a postcard.*

Amândoi and **amândouă** meaning *both* are followed by the noun in the *the* form:

Amândoi fraţii au participat.	*Both brothers attended.*
Amândouă doctoriţele sunt de gardă.	*Both doctors are on duty.*

ℹ Romania's post-Communist economy

Under Communist rule Romania was transformed from an agricultural to an industrial country. Industrialization over the last half century was accompanied by urbanization, and as a result the population profile changed dramatically. In 1940, nine out of ten Romanians lived in villages. Today only five out of ten do so. In 1940, 75 per cent of Romanians worked on the land while in 1992 this percentage had fallen to 25 per cent. More than 40 per cent of Romanian workers were employed in industry at the time of the revolution, but the goods they produced were largely poor quality and heavily subsidized.

The economic reforms, introduced by the government in 1991 for moves towards a market economy, have caused massive unemployment. The withdrawal of subsidies led to the collapse of many factories and without alternative sources of employment have created a feeling of inertia and apathy among large sections of the working population. This in turn has produced an upsurge in crime and disillusionment with the reform process. Instead of seeing the benefits of capitalism, many Romanians see only the negative side of it, and it will take many years for the economic situation to improve and bring significantly higher living standards than those experienced under the dictator Nicolae Ceauşescu.

▶ Dialogue

Mrs Ionescu visits the doctor. She takes Maria and Andrei with
her because they are not feeling well.

Doamna Ionescu	Domnule doctor, sunt foarte îngrijorată.
Doctorul	De ce, doamnă? Vă doare ceva sau sunt bolnavi copiii?
Doamna	Amândoi tuşesc, au guturai, îi doare capul, azi-noapte au avut 37,2 şi ...
Doctorul	Asta nu e temperatură mare. Dezbrăcaţi-i, vă rog.
Doamna	Se pot dezbrăca şi singuri.
Doctorul	Oh, scuzaţi-mă. Credeam că sunt răsfăţaţi. Cum te cheamă?
Maria	Maria.
Doctorul	Maria, întinde-te, te rog, pe pat. Aşa. Să te ascult la plămâni. Respiră! Tuşeşte! Nu mai respira! Bun. Acum ridică-te! Scoate limba şi spune 'Aaa'. Te doare când înghiţi?
Maria	Da
Doctorul	Îmbracă-te. Pe tine cum te cheamă?
Andrei	Andrei.
Doctorul	Vino aici, Andrei. Mai aproape. Nu te speria! Zi 'Aaa'. Şi pe tine te doare în gât, nu-i aşa?
Andrei	Mă doare.
Doctorul	Acum respiră! Stai! Ţine aerul în piept! Gata! Îmbracă-te! Doamnă, nu e decât o simplă răceală. În câteva zile vor fi sănătoşi.
Doamna	Ce să le dau, domnule doctor?
Doctorul	Daţi-le o vitamină C de trei ori pe zi, o aspirină seara după ce mănâncă, o linguriţă de sirop de tuse de două ori pe zi şi penicilină V.
Doamna	Îmi daţi o reţetă?
Doctorul	Bineînţeles. Duceţi-vă la farmacia din colţ şi nu uitaţi să le daţi ceaiuri cu multă lămâie. Sănătate!
Doamna	Mulţumim.

Exercises

1 Listen to the recording, or look at Romanian sounds on pages 10–12, for the pronunciation of the commands.

2 Translate this dialogue.

Prietenul	Trebuie neapărat să te duci la doctor.
George	Nu-mi place să merg la doctor.
Prietenul	Chiar dacă nu-ți place, trebuie să vezi ce ai.
George	Dar n-am nimic! Sunt sănătos tun!
Prietenul	Ai uitat că te-ai plâns că ai ameţeli.
George	Ah, da! Şi ce dacă?
Prietenul	S-ar putea să ai tensiune.
George	Voi românii, sunteţi toţi doctori.
Prietenul	Ştiu că te bat la cap, dar e mai bine să te duci să-ţi ia tensiunea, să faci nişte injecţii şi ...
George	Şi după aceea o să mă acuzaţi că sunt ipohondru!

3 Use the correct form of **unul, altul**.
Example: Unora le place marea, altora le place muntele.
a _____ le place marea, _____ le place muntele.
b _____ doresc să asculte jazz, _____ preferă muzica pop.
c _____ din copii învaţă, _____ face plajă.
d _____ din studente îi este rău, _____ îi este somn.
e _____ fete sunt mai frumoase decât _____.
f _____ din prietenii mei nu-i plac spectacolele.

4 Choose the right word to complete the blanks.
Example: Acest copil are temperatură, iar celălalt tuşeşte.
a Acest copil are temperatură, iar _____ tuşeşte.
b Aceştia sunt câinii mei, iar _____ sunt ai lor.
c Aceste medicamente sunt scrise pe reţetă, iar pentru _____ medicamente nu e nevoie de reţetă.
d Această doctoriţă e mai bună ca _____.
e Cui vreţi să scrieţi? Acestor prieteni sau _____ prieteni.
f Acestuia nu-i convine vinul, _____ nu-i place berea.

i	ceilalţi	iv	celelalte
ii	cealaltă	v	celorlalţi
iii	celălalt	vi	celuilalt

5 Complete the blanks following the example.
Example: Fiecare vrea să fie sănătos.
a Fiec__ vrea să fie sănătos.
b Fiec__ doctor ştie să ia tensiunea.
c Am dat telefon fiec__.

d Amând__ copiii au răcit.

e Amând__ studentele sunt inteligente.

f Radu și George merg amând__ la facultate.

6 Give the singular command form of the verbs.
Example: Spune Mariei să-mi dea telefon.

a (a spune) Mariei să-mi dea telefon.

b (a da) bani lui Ion să cumpere bilete la cinema.

c (a citi) această carte.

d (a lua) medicamentele de pe rețetă.

e (a se duce) să vezi acest spectacol.

f (a se uita) la televizor.

g (a aminti) -i să scrie scrisorile.

7 Put the commands in Exercise 6 into the negative.
Example: Nu spune Mariei să-mi dea telefon.

8 Put the commands in Exercise 6 into the plural.
Example: Spuneți Mariei să-mi dea telefon.

9 Translate into Romanian:

a I have a headache.

b My back hurts.

c My eyes are smarting.

d I have toothache.

e My legs ache.

f I have a pain in the chest.

g I have a temperature.

h I have a sore throat.

i I need a painkiller.

7

să intrăm în amănunte

getting down to details

In this unit you will learn
- to use further expressions of time such as *until, whenever*
- more uses of **să**
- additional examples of **pe**
- to say *first, second, third*

Key words and phrases

abia	*only, hardly*
a apărea	*to appear*
clarvăzător, clarvăzătoare, clarvăzători, clarvăzătoare	*clairvoyant*
concediu, concedii (n)	*leave, holiday*
degeaba	*in vain*
a deranja	*to disturb*
a dezvolta	*to develop*
discuție, discuții (f)	*discussion*
elev, elevi (m)	*pupil*
elevă, eleve (f)	*pupil*
greșeală, greșeli (f)	*mistake, wrong number*
a greși	*to make a mistake*
a ieși	*to exit, to go out*
impertinent, impertinentă, impertinenți, impertinente	*impertinent*
a încerca	*to try*
a întâlni	*to meet*
a se întâlni	*to meet*
a întârzia	*to delay*
a se întoarce	*to return*
a merita	*to deserve*
număr, numere (n)	*number*
poștă, poște (f)	*post*
probabil	*probably*
răbdare, răbdări (f)	*patience*
a răspunde	*to reply*
a reclama	*to report, to complain about*
respectiv, respectivă, respectivi, respective	*respective*
a se schimba	*to change*
secret, secrete (n)	*secret*
serviciu, servicii (n)	*job, work, favour*
a se strica	*to damage*
a suna	*to ring*
a telefona	*to telephone*
telegramă, telegrame (f)	*telegramme*
tocmai	*exactly, just*
vechi, veche, vechi, vechi	*old*
a verifica	*to check*
voce, voci (f)	*voice*

vreun, vreo	one, any
astfel de	such a
a avea dreptate	to be right
a avea răbdare	to have patience
o carte de telefon	a telephone directory
a da telefon	to make a telephone call
deranjamente	telephone faults service engineers
a face atingere	to have (lit. make) a crossed line
Despre ce e vorba?	What's it all about?
din nou	again
a i se face dor de	to miss
a ieşi la pensie	to retire
e inutil	there's no point
noroc	good luck
număr de telefon	telephone number
Sună ocupat.	It's ringing engaged.
a veni înapoi	to come back
aţi greşit numărul	you've got the wrong number

Grammar

1 Expressions of time

a When examining the present (*is*) and imperfect (*was*) tenses, your attention was drawn to the use of **de mult** and **de puţin**. Here are some reminders:

Invăţ româneşte numai **de**   *I have been learning Romanian*
puţin timp.   *for only a short while.*
Locuim **de cinci** ani la Londra. *We have been living in London for five years.*
Locuiam **de cinci** ani la Londra. *I/we have been living in London for five years.*

A question receiving the type of answer given above would be introduced in Romanian by **de când?** *for how long?*:

De când învăţaţi româneşte?   *How long have you been learning Romanian?*
De când locuiţi la Londra?   *How long have you been living in London?*

Note that the present tense is used in the above examples with **de când** as the equivalent of English *have been*. The actions referred to, i.e. *have been learning*, denote a state or an incomplete action.

b Where the action has been completed the past tense may be used:

De când n-a mai primit nici o scrisoare?	*How long is it since he received a letter?*
N-a mai primit nici o scrisoare de mult.	*He hasn't received a letter for some time.*
N-a mai primit nici o scrisoare de trei zile.	*He hasn't received a letter for three days.*

Instead of **de trei zile**, there are a number of expressions, such as:

de astă iarnă	*since last winter (the winter just passed)*
din iarna trecută	*since last winter (a year ago last winter)*
din 1989	*since 1989*
din aprilie	*since April*
de ieri	*since yesterday*
de luni	*since Monday*
de la 1 decembrie	*since 1 December*
De câte săptămâni n-a mai venit la ore?	*How many weeks is it since he attended classes?*
N-a mai venit **de** trei săptămâni.	*He hasn't attended for three weeks.*

c There are a number of new words to add to those such as **când** *when*, **după ce** *after*, and **în timp ce** *while* to which you have already been introduced:

abia	*just, hardly*
cum	*as soon as*
ori de câte ori	*whenever*
încă	*yet*

Abia acum am reușit să termin.	*I have only just managed to finish.*
Cum o văd te voi suna.	*The moment I see her I will give you a call.*
Ori de câte ori plec în grabă uit ceva.	*Whenever I leave in haste I forget something.*
George n-a venit **încă**.	*George hasn't come yet.*

Expressing *until*, *before* in Romanian can be done by a variety of combinations with **până**. You can use: **până, până când, până** ce and **până nu**.

The first three are virtually interchangeable:

Să rezolvăm problema **până** (**când**) plecăm.	*Let's solve the problem before we leave.*
Rămân aici **până** (**ce**) vine ea.	*I'm staying here until she comes.*

Până nu *until* is used when introduced by a negative verb:

Nu plec **până nu**-mi dă telefon.	*I'm not leaving until he rings me.*
El nu va semna **până nu** primeşte nişte garanţii.	*He won't sign until he receives some guarantees.*

Până nu can also mean *before* in the sense of setting a time limit by which an action might take place:

Să-l găsim **până nu** pleacă la serviciu.	*Let's find him before he leaves for work.*
Să cumpărăm un apartament **până nu** se scumpesc.	*Let's buy a flat before they go up in price.*

Până să means *by the time that*:

Până să căpătăm o viză biletul de avion nu mai era valabil.	*By the time we obtained a visa the plane ticket was no longer valid.*
Până să ajungă George la Gara de Nord trenul era deja la Ploieşti.	*By the time that George reached the North Station the train was already at Ploieşti.*

2 More uses of *pe*

In Unit 10 (see page 102) **pe** was introduced accompanying stressed pronouns and preceding nouns denoting persons when they are the object of an action, e.g.

Pe ea o văd mâine.	*I'll be seeing **her** tomorrow.*
Îl întrebăm pe domnul Porter.	*We'll ask Mr Porter.*

You have also seen **pe** used with other pronouns such as **cine** and **care**, e.g.

Pe cine să invităm la masa de seară?	*Whom shall we invite to dinner?*
Banii **pe care** îi am.	*The money that I have.*

There are a range of other pronouns with which **pe** is found. **Pe** is only used when these pronouns denote somebody or something that is the object of the verb:

L-am întâlnit **pe unul** din prietenii mei. — *I met one of my friends.*

I-am văzut **pe toți** la recepție. — *I saw them all at the reception.*

Le-am găsit **pe acestea** la un magazin din centru. — *I found these (things) at a shop in the centre.*

Nu-i mai întâlnesc decât **pe cei care** țin la mine. — *I only meet those who are fond of me.*

3 More examples of să

As you saw in Unit 7 (see page 61), **să** is often the equivalent of *to* in English. Here are a number of instances in which **să** is required in Romanian.

a With verbs of command or instruction:

Doctorul le-a spus copiilor **să** ia medicamentele. — *The doctor told the children to take the medicines.*

Generalul a dat ordinul **să** se retragă. — *The general gave the order to retreat.*

Radu mi-a telefonat **să** nu ies din casă. — *Radu rang me (to tell me) not to go out of the house.*

b With verbs of *wanting* and *wishing*:

Vreau **să plec** în Statele Unite. — *I want to go to the United States.*

Ei țin **să ne vadă.** — *They are keen to see us.*

c With *must* and *to be able*:

Trebuie să așteptăm și **să** vedem. — *We must wait and see.*

N-au putut să închirieze o mașină. — *They weren't able to hire a car.*

d With phrases of the type *it is easy to, it is difficult to*:

Mi-e greu **să plec** chiar acum. — *It's difficult for me to leave right now.*

Este o problemă **să** aranjăm o vizită în momentul de față. — *It's a problem for us to arrange a visit at present.*

e With words introducing questions:

Când **să** le facem o vizită?	*When shall we pay them a visit?*
Cum **să** ajung la metrou?	*How shall I get to the underground?*
Ce **să** facem în situaţia asta?	*What shall we do in this situation?*

f With prepositions such as **fără, înainte, în loc să**:

Fără să exagerez, erau peste 2.000 de cadavre acolo.	*Without (my) exaggerating there were over 2,000 bodies there.*
Înainte să termin, aş vrea să-i mulţumesc lui Ion.	*Before finishing I'd like to thank John.*
În loc să mergem azi, să mergem mâine.	*Instead of going today let's go tomorrow.*

g With **ca** to express purpose:

Ca să fiu cinstit, el nu-mi place.	*To be honest I don't like him.*
Radu a făcut cumpărăturile **ca să** nu fie obligată ea **să** le facă.	*Radu did the shopping to spare her having to do it.*

Note the position of **ea** in the above example. The same meaing would be expressed by:

Radu a făcut cumpărăturile ca ea să nu fie obligată să le facă.

Similarly you can say both:

Aşteptăm **să** vină Victor luni.	*We are expecting Victor to*
Aşteptăm **ca** Victor să vină luni.	*come on Monday.*

4 More about the 'to do' form of the verb

a You can also indicate purpose with the *to* form of the verb. Taking the examples from 3g they become:

Pentru **a fi** cinstit el nu-mi place.	*To be honest I don't like him.*
Radu **a făcut** cumpărăturile pentru **a nu fi** obligată ea să le facă.	*Radu did the shopping to spare her having to do it.*

b With prepositions such as **fără, înainte de, în loc de** the *to* form of the verb can be used instead of **să**:

Fără a exagera, erau peste 2.000 de cadavre acolo.	*Without (my) exaggerating there were more than 2,000 bodies there.*
Înainte de a termina, aş vrea să-i mulţumesc lui Ion.	*Before finishing I'd like to thank John.*
În loc de a merge azi, să mergem mâine.	*Instead of going today let's go tomorrow.*

c The *to* forms are commonly used as an alternative to **să** in the following expressions:

Ai ce mânca?	*Have you got something to eat?*
Ai ce să mănânci?	*Have you got something to eat?*
N-avem unde sta.	*We've got nowhere to stay.*
N-avem unde să stăm.	*We've got nowhere to stay.*
Am ce face.	*I've got something to do.*
Am ce să fac.	*I've got something to do.*
Elevii n-au cu ce să scrie.	*The pupils haven't got anything to write with.*

5 Saying 'first', 'second', 'third'

First, second, third, etc. are known as ordinal numbers and in Romanian they behave like adjectives. They therefore have masculine, feminine and neuter forms (short forms in brackets):

Masculine/neuter	Feminine	
primul, întâiul (1-ul)	**prima, întâia (1-a)**	1st
al doilea (al 2-lea)	**a doua (a 2-a)**	2nd
al treilea (al 3-lea)	**a treia (a 3-a)**	3rd
al patrulea (al 4-lea)	**a patra (a 4-a)**	4th
al cincilea (al 5-lea)	**a cincea (a 5-a)**	5th
al şaselea (al 6-lea)	**a şasea (a 6-a)**	6th
al şaptelea (al 7-lea)	**a şaptea (a 7-a)**	7th
al optulea (al 8-lea)	**a opta (a 8-a)**	8th
al nouălea (al 9-lea)	**a noua (a 9-a)**	9th
al zecelea (al 10-lea)	**a zecea (a 10-a)**	10th

Note also **ultimul, ultima** *the last*: **primul** and **ultimul** always precede the noun while the other numbers may either precede or follow. All can stand on their own. When the number comes first the noun is used in its *a* form, and when it follows the noun is in the *the* form. Here are some examples:

prima mea vizită	*my first visit*
primul lui paşaport	*his first passport*
ultimul ei ban	*her last penny*
a **doua** cursă	*the second race*
al **doilea** om din stânga	*the second man on the left*
al **treilea** om	*the third man*
omul al **treilea**	*the third man*
sfârşitul **primului** război mondial	*the end of the First World War*
primul şi **ultimul** oaspete	*the first and the last guest*

Note how you say *of the first* in the last example. In order to express *of the second/of the third*, etc. **cel** (see Unit 15) precedes the number and agrees with the noun:

începutul **celei** de-a doua curse	*the beginning of the second race*
moartea **celui** de-al doilea preşedinte	*the death of the second president*

You may also find:

cel dintâi	(for)	**întâiul, primul**
cea dintâi	(for)	**întâia, prima**
cel de-al doilea	(for)	**al doilea**
cea de-a doua	(for)	**a doua**, etc.

The pattern of **al doilea/a doua** is followed when forming the other ordinals:

al cincisprezecelea (al 15-lea)	a cincisprezecea (a 15-a)	15th
al douăzecilea (al 20-lea)	a douăzecea (a 20-a)	20th
al douăzeci şi unulea (al 21-lea)	a douăzeci şi una (a 21-a)	21st
al o sutălea	a suta	100th
al o mielea	a mia	1000th

a şaptezecea aniversare a zilei de naştere a regelui	*the king's 70th birthday*
a treia aniversare a revoluţiei	*the third anniversary of the revolution*
Am plecat prima oară în România în anul 1991.	*I left for Romania for the first time in 1991.*
Am vizitat a doua oară în 1992.	*I visited for the second time in 1992.*

But:

Am vizitat România de două ori.	*I visited Romania twice.*
Am vizitat România de trei ori.	*I visited Romania three times.*

Am vizitat România de patru ori.	*I visited Romania four times.*

i Bucharest and Braşov

Romania's largest city is its capital Bucharest which has more than two million inhabitants. Bucharest is by far the most populous city in the country. The next biggest city is Braşov in Transylvania which, in 2000, had 314,000 people. Bucharest is a young city compared with Braşov. It only came to prominence in the middle of the seventeenth century when the Prince of Wallachia moved his capital to the town, while its period of greatest expansion followed its designation as capital of Romania in 1862.

Braşov was founded by the Teutonic Knights and German settlers in the early years of the thirteenth century. The Knights were invited by the King of Hungary to defend the eastern frontiers of Transylvania which at that time was a possession of the Hungarian Crown. Braşov is one of seven major towns established by German settlers during that period and for this reason the German name for Transylvania is Siebenburgen (seven towns). After the revolution of December 1989 more than 100,000 Germans emigrated from Transylvania to Germany leaving some 1,200,000 in Romania (1992 figures).

Transylvania – the shaded area – is a large part of the country

 Dialogue

Telephone talk. Dan Scarlat is trying to get in touch with Domnul Georgescu and in the process gets a fault on the line.

Dan Scarlat	Alo, casa Georgescu?
Doamna Georgescu	Da, casa Georgescu.
Dan	Bună ziua, doamnă. Dan Scarlat la telefon. Aş putea vorbi cu domnul Georgescu?
Doamna	Soţul meu tocmai a ieşit. S-a dus la poştă să vă trimită o telegramă şi cărţile pe care i le-aţi cerut.
Dan	Oh! Dar i le-am cerut acum un an. Credeam că a uitat.
Doamna	N-a uitat. Însă le-a găsit de-abia ieri.
Dan	Ştiţi cumva peste cât timp se întoarce?
Doamna	A spus că vine după ce trece pe la un prieten. Sper că nu întârzie mult.
Dan	Pot să-l caut la acel prieten?
Doamna	Bineînţeles. Să vă dau numărul de telefon Unde poate fi? Gata, l-am găsit: 211 32 88.
Dan	Mulţumesc foarte mult. La revedere.
Dan	Alo, îmi pare rău că trebuie să vă deranjez încă o dată, doamnă. Încerc de o oră la numărul pe care mi l-aţi dat, dar când sună ocupat, când răspunde o voce care spune că e greşeală.
Doamna	Poate că s-a schimbat numărul. Un moment, să-l caut în noua carte de telefon. Nu, nu s-a schimbat. E acelaşi: 211 32 88.
Dan	O să mai încerc.
Doamna	Trebuie să aveţi răbdare.
Dan	Trebuie să-l reclam la deranjamente?
Doamna	Inutil. Dacă-i deranjat, nu poate fi reparat imediat.
Dan	Şi atunci ce să fac?
Doamna	Să aşteptaţi să vă sune soţul meu când se întoarce acasă.
Dan	Da, e o idee bună. Numărul meu e 310 3746. Vă mulţumesc, doamnă. La revedere.

Exercises

1 Listen to, or read, the dialogue again and write it out.

2 Fill in the blanks with the appropriate expression of time from the options below.
   Example: Trebuie să vă grăbiți să-l găsiți _____ pleacă la serviciu.
             Trebuie să vă grăbiți să-l găsiți *până nu* pleacă la serviciu.

   a Trebuie să vă grăbiți să-l găsiți _____ pleacă la serviciu.
   b _____ sun la acest număr, sună ocupat.
   c Să vorbim despre asta _____ ajungem la gară.
   d _____ acum a terminat cartea.
   e Nu, îmi pare rău, fiul meu nu s-a întors _____ de la facultate.
   f _____ îl văd, îi spun să vă telefoneze.
   g Nu plec _____ mi dă telefon.

   i   până nu   iv   ori de câte ori
   ii   cum   v   abia
   iii până când   vi   încă

3 Translate into English.
   a De când îl cunoașteți pe fiul meu?
   b Ați ieșit la pensie de mult?
   c De câți ani învățați latina?
   d De câte săptămâni n-au mai primit nici o scrisoare?
   e De când nu l-ați mai văzut?
   f De cât timp locuiți la Paris?
   g Fumați de mult?

4 Answer the questions above in Romanian.

▶ 5 Translate into Romanian.

   a Before leaving for the office I intend to make several telephone calls.
   b Radu didn't come round to our house any more after he returned from abroad.
   c Are you dropping in before you go on leave?
   d We haven't seen each other for five or six years, in other words since we finished university.
   e Recently I haven't done anything interesting.
   f I long for the sea every time I think of holidays.

6 Formulate questions in Romanian to give the replies in Exercise 5.

7 Translate into English:
  a Elevii merg la şcoală cinci zile pe săptămână.
  b Plecăm în România de mâine într-o săptămână.
  c Ei merg la munte de trei ori pe an.
  d Trebuie să facă o injecţie din două în două zile.
  e Peste trei săptămâni e ziua lui Radu.
  f Îi dăm telefon din când în când.
  g Cumpăraţi ziarul în fiecare zi?

8 Complete the sentences from the options below.
  Example: I-au sfătuit pe studenţi să citească
  a I-au sfătuit pe studenţi _____
  b Doctorul a spus copiilor _____
  c V-a fost uşor _____
  d Mi-aţi spus _____
  e Ne-au invitat _____
  f Ai plecat fără _____
  g Aşteptăm ca Victor _____

i	să citească	**v**	să le facem o vizită
ii	să mănânci	**vi**	să găsiţi o casă de
iii	să ne scrie		închiriat
iv	să nu uite să ia medicamentele	**vii**	să vă telefonez

9 Translate into English:
  a Pe cine ai mai văzut în ultimul timp?
  b Am întâlnit pe unul din domnii pe care mi i-ai prezentat săptămâna trecută.
  c Pe care din ei, pe profesor sau pe doctor?
  d Eu n-am mai avut timp să văd pe nimeni.
  e Într-o vreme îi întâlneam pe toţi la petreceri.
  f Acum nu-i mai întâlnesc decât pe cei care locuiesc aproape de mine.

10 Use the correct form of **primul, prima**.
  Example: În primul rând trebuie să mergi la doctor.
  a În _____ rând trebuie să mergi la doctor.
  b Aceşti băieţi au ajuns _____ la teleferic.
  c Radu a fost la Paris pentru _____ oară.
  d _____ medicamente pe care le-am luat au fost bune.
  e Spuneţi _____ copil să se dezbrace.
  f Acesta este _____ lucru pe care trebuie să-l fac.

11 Translate into English:
  a Au citit cărţi interesante despre cele două războaie mondiale.

b   Multe s-au întâmplat de la cel de-al doilea război mondial.
c   Asta este a zecea carte pe care o scrie.
d   Al cincilea tratament a fost cel mai bun.
e   Îți spun a suta oară același lucru.

Taxi Perozzi	9631
Taxi Leone	9425
Taxi Mondial	9423
Cristaxi	9461
Taxi XXL	9791
Taxi 2000	9494
Taxi Meridian	9444
Mircea Taxi	092.476.223
Informații ora exactă	958
Informațții diverse	951
Telegrame telefonate	957
Comenzi internaționale	971

More telephone numbers

18

rezultate
results

In this unit you will learn
- to use more reflexive verbs
- to say things like *so quickly that, so much that*
- to express *doing, leaving, taking*

Key words and phrases

abonament, abonamente (n)	*subscription, season ticket*
act, acte (n)	*document, paper*
a afla	*to find out, discover*
anumit, anumită, anumiți, anumite	*certain*
a se apropia (de)	*to draw near (to), approach*
a arunca	*to throw*
a auzi	*to hear*
banc, bancuri (n)	*joke*
a bate	*to beat*
brânză, brânzeturi (f)	*cheese*
carne (f)	*meat*
celebru, celebră, celebri, celebre	*celebrated, famous*
a certa	*to admonish, to tell someone off*
a se certa cu	*to argue with*
a se concentra (asupra)	*to concentrate (upon)*
discurs, discursuri (n)	*speech*
divers, diversă, diverși, diverse	*different*
emisiune, emisiuni (f)	*broadcast*
a felicita	*to thank*
a ieftini	*to reduce in price*
meci, meciuri (n)	*match*
mesaj, mesaje (n)	*message*
a se mira	*to be surprised*
naiv, naivă, naivi, naive	*naive*
a observa	*to observe*
a paria	*to bet*
pariu, pariuri (n)	*bet*
păi!	*well!*
a presupune	*to suppose*
a provoca	*to provoke*
radio, radiouri (n)	*radio*
rest (n)	*change*
scamator, scamatori (m)	*conjurer*
a se scumpi	*to become expensive*
slab, slabă, slabi, slabe	*weak*
stagiune, stagiuni (f)	*theatre season*
a striga	*to shout*
suficient, suficientă, suficienți, suficiente	*sufficient*
suporter, suporteri (m)	*supporter*

știre, știri (f)	item of news
știință, stiințe (f)	knowledge
televizor, televizoare	television
a toci	to swot, to cram
a transmite	to transmit
zvon, zvonuri (n)	rumour
a se zvoni	to be rumoured
buletin de știri	news bulletin
După cum știi ...	As you know ...
a deschide televizorul	to turn on the TV
a da drumul la televizor	to turn on the TV
a închide televizorul	to turn off the TV
Lăsați-mă în pace!	Leave me alone!
a lua la braț	to take on one's arm
a face pariu pe	to make a wager on
Nu mai spune!	You don't say!
cu răceală	coldly
a da restul	to give change
a-și da seama	to realize
E (timp) frumos.	It's fine weather.
E (timp) urât.	It's bad weather.
Nu-mi vine să cred.	I find it difficult to believe.
așa-i trebuie	It serves him right!

Grammar

1 More reflexive forms

Reflexive verbs, denoting actions that affect oneself such as **mă
spăl** I *wash myself*, were presented in Unit 7 (see pages 60–1).
You also met in Unit 12 (page 125) a number of impersonal
verbs which are also reflexive. You will remember that an
impersonal verb is one which does not have a person as its
subject, or as the *doer* of an action. **A se întâmpla** *to happen* and
a se părea *to seem* are examples of impersonal verbs in
Romanian because you have to use the verb in the manner of *it
happens to be, it seems to me* and not *I happen, I seem*. Since
both these verbs are reflexive in Romanian *to me* is expressed by
the shortened form of the pronoun.

mi se pare	it seems to me
ți se pare	it seems to you, etc.
mi s-a părut	it seemed to me

a You also saw in Unit 12 (page 123) that verbs may be used in the reflexive when you wish to avoid attributing actions or remarks to a person:

Mi s-a spus că au sosit.	*I was told that they had arrived.*
Ni s-au dat multe cărți.	*We were given many books.*
Nu li s-a oferit nimic.	*Nothing was offered to them.*

Here are some more examples of such verbs:

Se zvonește că o să mai vină minerii.	*It's rumoured that the miners will come again.*
Se vede că guvernul n-a învățat nimic.	*It's obvious that the government hasn't learnt anything.*
Se afirmă că prăbușirea guvernului a fost urmarea unei lovituri de stat.	*It is claimed that the fall of the government was the consequence of a coup d'état.*

b A verb often assumes a reflexive form when it is used without an object:

Au stins luminile.	*They turned out the lights.*
Luminile s-au stins.	*The lights went out.*
Dumnezeu a creat universul.	*God created the universe.*
Universul s-a creat.	*The universe was created.*
Primul ministru a mărit lefurile.	*The Prime Minister raised wages.*
Lefurile s-au mărit.	*Wages have been increased.*

c Where two or more people are both the *doer* and object of an action a reflexive form is required.

S-au întâlnit în fața hotelului.	*They met in front of the hotel.*
Radu și Dan se ceartă zilnic.	*Radu and Dan quarrel daily.*
Suporterii s-au bătut la meci.	*The supporters fought each other at the match.*
Nu ne-am văzut de mult.	*We haven't seen each other in ages.*

d You may find a reflexive form in Romanian where English prefers a passive:

Cheile s-au pierdut.	*The keys have been lost.*
Mașina s-a vândut.	*The car has been sold.*
Discursul s-a rostit.	*The speech has been delivered.*
Tot vinul s-a băut.	*All the wine has been drunk.*

2 Saying 'with the result that'

This may be expressed by **aşa de** and **atît de** followed by **încît**:

Era **aşa de** frig **încât** au renunţat să meargă la mare.	*It was so cold that they decided not to go to the seaside.*
Concertul era **aşa de** prost **încât** am plecat după un sfert de oră.	*The concert was so poor that we left after a quarter of an hour.*
Ministrul vorbeşte **aşa de** încet **încât** nu-l aud.	*The minister speaks so softly that I can't hear him.*

You will also find **atât** and **cât** with a variety of meanings:

Pe **cât** era de urât, pe **atât** era de prost.	*He was as stupid as he was ugly.*
După **cât** se pare, s-a scumpit benzina.	*By all accounts the price of petrol has gone up.*
Cu **cât** ştim mai mult, cu **atât** ne dăm seama **cât** de puţin ştim.	*The more we know, the more we realize how little we know.*

In the following examples note that **atât** agrees:

Erau **atâţia** oameni acolo încât nu vedeai scena.	*There were so many people there that you couldn't see the stage.*
Avem **atâtea** datorii încât nu ştim cum o să ne descurcăm.	*We have so many debts that we don't know how we are going to make ends meet.*

3 'Seeing', 'writing', 'wanting', etc.

a These forms are known grammatically as present participles. They are created in Romanian by adding endings to the root of the *to see*, *to write*, etc. form of the verb. The type of ending added depends on the nature of the verb. Thus those ending in **-i**, **-ia** and **-ie** use **-ind**:

a scrie	scri**ind**	*writing*
a întârzia	întârzi**ind**	*being late*
a citi	cit**ind**	*reading*
a dormi	dorm**ind**	*sleeping*
a fi	fi**ind**	*being*

Note: All other verbs take **-ând**:

a lua	luând	*taking*
a da	dând	*giving*
a cânta	cântând	*singing*
a pune	punând	*putting*
a şterge	ştergând	*wiping*

b Reflexive verbs add **-u** to **-ind/-ând**:

a se spăla	spălându-se	*washing*
a se trezi	trezindu-se	*waking up*
a-şi imagina	imaginându-şi	*imagining*

-u is also added when the participle is followed by *him, us, them,* etc.

citindu-l	*reading it*
cumpărându-le	*buying them*
alegându-i	*choosing them*

However, **-u** is not added if **o** (*her, it*) follows:

| trezind-o | *waking her up* |
| luând-o | *taking her* |

c Unusual forms:

având	*having*
bătând	*beating*
căzând	*falling*
deschizând	*opening*
făcând	*doing*
trimiţând	*sending*
văzând	*seeing*
întorcându-se	*returning*

The negative form is made by putting **ne** in front of the verb:

| **neavând** | *not having* |
| **neştiind** | *not knowing* |

Examples:

| Neavând bani de metrou, m-am dus acasă pe jos. | *Not having any money for the underground, I went home on foot.* |
| Întorcându-mă la maşină, am găsit portofelul. | *Returning to the car I found the wallet.* |

Văzându-l pe Victor i-am dat plicul.
Seeing Victor I gave him the envelope.

Imaginându-mi că sunt la mare, m-am dezbrăcat.
Imagining that I was at the seaside, I got undressed.

ℹ Religion in Romania

About 85 per cent of Romanians, some 17 million, belong to the Orthodox faith. There are estimated to be more than 300,000 Romanian baptists and between one and two million adherents to the Uniate, or Greek Catholic, church. Because the Uniate church recognized the authority of the Pope it was outlawed by the Communist authorities in 1948, and all five of its bishops and many of its priests were imprisoned. Most of them died. The property of the Uniate church was taken over by the Orthodox church. Following the revolution in December 1989, the Uniate church was re-established and its principal bishop was made a Cardinal by the Pope.

The majority of Romania's two million Hungarians are Catholic, but a considerable number (700,000) belong to the Hungarian Reformed Church. In the Dobrogea region on the Black Sea, there are about 40,000 Turks and Tatars who are Moslem. The rapidly dwindling German population of Transylvania is largely Lutheran.

Many Romanians are named after saints of the Orthodox church and on the saint's day celebrate their name like a birthday. Thus on Saint George's day, 23 April, Romanians with the name of Gheorghe are given presents by family and friends. Some common Romanian Christian names are Constantin, Dumitru and Vasile which are all names of saints of the Orthodox church.

Romanian church

▶ Dialogue

The importance of rumour and jokes. Maria and Radu are shocked by news of soaring prices.

Maria	De când m-am întors din concediu, am auzit diverse zvonuri.
Radu	Nu mai spune! Ce se zvoneşte?
Maria	Păi, se pare că iar se scumpeşte benzina!
Radu	Şi ce, te miri?
Maria	Bineînţeles.
Radu	Şi ce se mai spune?
Maria	Se zice că un bilet de autobuz va costa 1.000 lei.
Radu	Asta nu cred.
Maria	Nici mie nu-mi vine să cred.
Radu	Se pare că s-a transmis la ştiri că s-a scumpit abonamentul la televizor.
Maria	Cu cât e mai scump, cu atât emisiunile sunt mai slabe, ai observat?
Radu	Nu, pentru că, după cum ştii, n-am televizor.
Maria	Da, aşa e. Eu, având unul, mă simt obligată să-l deschid din când în când.
Radu	Aşa-ţi trebuie! Apropo, ştii bancul cu scamatorul?
Maria	Nu! Spune-mi-l!
Radu	O doamnă, întâlnind pe stradă un scamator celebru, îl provoacă spunându-i că face pariu că nu e bun de nimic. Scamatorul, zîmbind, pune pariu pe un milion de lei că de la un anumit balcon va fi aruncat în stradă un televizor. Scamatorul se concentrează, doamna se uită cu interes la balcon unde vede apărând un om. Uitându-se enervat spre ei, le strigă: Lăsaţi-mă în pace! N-am ce arunca în stradă! N-am televizor!
Maria	Apropo de banc, te-ai mai văzut cu Nicu? Am aflat că Nicu tocmai şi-a cumpărat un televizor în culori.
Radu	Aşa-i trebuie!

Exercises

1 At some time during a visit to Romania you are likely to have to fill in a registration form, be it for a visa, a hotel room, or for hiring a car. Here is a typical form. Fill in your own personal details.

Numele . . . .

Prenumele . . . .

Data naşterii . . . .

Locul naşterii . . . .

Domiciliul Ţara . . . .

Localitatea . . . .

Strada . . . .

Nr . . . .

Scopul vizitei în România . . . .

Gazda şi adresa . . . .

Data intrării în România . . . .

gazdă (f)	*host*	
naştere (f)	*birth*	
scop (n)	*purpose*	

2 Listen to, or read, the dialogue again and write it out. See how many reflexive verb forms you can identify.

3 Put the verb into the past tense.
   Example: Am auzit că **(a se vinde)** toate biletele.
   Am auzit că **s-au vândut** toate biletele.
   a Am auzit că **(a se vinde)** toate biletele.
   b La radio **(a se transmite)** o emisiune foarte interesantă de ştiinţă.
   c **(a se termina)** stagiunea de concerte.
   d **(a se trimite)** mesajul.
   e La petrecere **(a se bea)** tot vinul şi toată ţuica.
   f **(a se citi)** toate discursurile.
   g **(a se termina)** filmul.
   h **(a se scumpi)** ziarele.

▶4 Translate into English:
a Se zice că s-a scumpit brânza.
b Se spune că e coadă la carne.
c S-a zvonit că se vor ieftini ouăle.
d Se crede că va fi o iarnă grea.
e Se presupune că la vară va fi cald.
f Se vede că oamenii sunt trişti.

5 Put the verbs into the present, imperfect, and past tenses.
Example: Ne (a se întâlni) la ziua Anei.
Ne **întâlnim** la ziua Anei.
Ne **întâlneam** la ziua Anei.
Ne-**am întâlnit** la ziua Anei.
a Ne (**a se întâlni**) la ziua Anei.
b Se (**a se vedea**) foarte des la cozi.
c Vă (**a se certa**) degeaba.
d Se (**a se saluta**) cu răceală.
e Ne (**a se felicita**) după fiecare examen.
f Suporterii (**a se bate**) la meci.

6 Translate Exercise 5 into English.

7 Complete the blanks.
Example: Văz_____ că s-au terminat biletele, am renun-
ţat să văd spectacolul.
Văzând că s-au terminat biletele, am renunţat să
văd spectacolul.
a Văz_____ că s-au terminat biletele, am renunţat să văd
spectacolul.
b Fi_____ obosiţi, au plecat în concediu.
c Neav_____ destui bani, nu şi-a mai cumpărat maşină.
d Ven _____ spre casă, ne-am întâlnit cu George.
e Deschiz_____ radioul, a aflat că mâine va fi frumos.
f Scr_____ scrisoarea, şi-a dat seama că nu ştie adresa.

8 Replace the bold words with *him, her, it, them,* etc.
Example: Citind **articolul**, a aflat că a început stagiunea.
Citindu-**l**, a aflat că a început stagiunea.
a Citind **articolul**, a aflat că a început stagiunea.
b Văzând **pe Victor**, i-a transmis mesajul.
c Scriind **scrisorile**, a obosit.
d Punând **masa**, a uitat paharele.
e Luând **pe Ana** la braţ, i-a spus ultimele ştiri.
f Dând banii **lui Victor** şi-a dat seama că şi-a pierdut
actele.

9 Use the required form of the reflexive.

Example: Ducând _____ spre casă, ați observat că nu aveți bani suficienți.

Ducându-**vă** spre casă, ați observat că nu aveți bani suficienți.

a Ducând _____ spre casă, ați observat că nu aveți bani suficienți.

b Trezind _____ prea târziu, n-a mai avut timp să mănânce.

c Spălând _____ iarna cu apă rece, au răcit.

d Dând _____ seama că e tîrziu, am luat un taxi.

e Imaginând _____ că ești milionar, ai cheltuit toți banii.

f Amintind _____ că peste 3 zile au examen, au început să învețe.

10 Translate into English:

a După câte știu, au plecat ieri la Viena.

b Cu cât știi mai mult, cu atât îți dai seama cât de puțin știi.

c Era așa de frig, încât au renunțat să meargă la mare.

d Pe cât era de urât, pe atât era de prost.

e Emisiunea este atât de slabă, încât trebuie să închidem tele-vizorul.

f După cât se pare, s-a scumpit benzina.

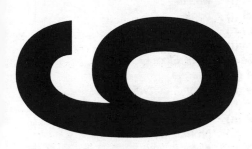

19

orientare în spaţiu
position

In this unit you will learn to say

- *I had seen, I had slept, etc.*
- *I might be going, I might have gone*
- *in front of, around, at the back of*

Key words and phrases

acţionar, acţionari (m)	share holder
acţiune, acţiuni (f)	share (in a company)
anunţ, anunţuri (n)	advertisement
apropiat, apropiată, apropiaţi, apropiate	neighbouring, close
avere, averi (f)	wealth
bancă, bănci (f)	bank
bunic, bunici (m)	grandfather
bunică, bunici (f)	grandmother
bursă, burse (f)	grant, Stock Exchange
cec, cecuri (n)	cheque
comision, comisioane (n)	errand, commission
cont, conturi (n)	account
credit, credite (n)	credit
cumnat, cumnaţi (m)	brother in law
cumnată, cumnate (f)	sister in law
a cunoaşte	to know
curs (n)	exchange rate
a depune	to deposit
discret, discretă, discreţi, discrete	discreet
a dura	to last
frate, fraţi (m)	brother
grozav	terrific
indiscret, indiscretă, indiscreţi, indiscrete	indiscreet
a încasa	to cash
a îngriji	to take care of
a se întreba	to wonder
lanţ, lanţuri (n)	chain
licitaţie, licitaţii (f)	auction
mătuşă, mătuşi (f)	aunt
nepot, nepoţi (m)	grandson, nephew
nepoată, nepoate (f)	granddaughter, niece
relaţie, relaţii (f)	relative, relation
a retrage	to withdraw
a se retrage	to retreat
rudă, rude (f)	relative
SIDA (f)	AIDS (the virus)
sistem, sisteme (n)	system
soră, surori (f)	sister

a spera	*to hope*
unchi, unchi (m)	*uncle*
valută, valute (f)	*hard currency*
văduvă, văduve (f)	*widow*
văr, veri (m)	*cousin*
verișoară, verișoare (f)	*cousin*
a avea cont în bancă	*to have a bank account*
birou de schimb	*bureau de change,*
	currency exchange office
carte de credit	*credit card*
carnet de cecuri	*cheque book*
cec de călătorie	*traveller cheque*
Cât la sută?	*What percentage?*
cu trei luni înainte	*three months earlier*
curs valutar	*exchange rate*
după colț	*round the corner*
a deschide un cont în bancă	*to open a bank account*
față de	*compared with*
în genul	*of the type*
de îngrijit	*to look after*
mica publicitate	*small ads*
în orice caz	*in any case*
a retrage din cont	*to withdraw from an account*
pe sistemul	*along the lines of*
unu la sută	*one per cent*
valută forte	*hard currency*

Grammar

1 Saying 'I had seen', 'I had slept', etc.

a An action expressed in the time-frame of *I had seen/done/left* is conveyed in what is known as the pluperfect tense which is another way of saying *the more than past tense*. In fact, you form this tense by taking the past participle (Unit 9, page 83), dropping the final -t where applicable, and adding the following endings:

-sem	-serăm
-seși	-serăți
-se	-seră

Here are some examples with different categories of verb:

cântasem	*I had sung*	tăcusem	*I had kept silent*
cântaseşi		tăcuseşi	
cântase		tăcuse	
cântaserăm		tăcuserăm	
cântaserăţi		tăcuserăţi	
cântaseră		tăcuseră	
făcusem	*I had done*	mersesem	*I had gone*
făcuseşi		merseseşi	
făcuse		mersese	
făcuserăm		merseserăm	
făcuserăţi		merseserăţi	
făcuseră		merseseră	
scrisesem	*I had written*	coborâsem	*I had descended*
scriseseşi		coborâseşi	
scrisese		coborâse	
scriseserăm		coborâserăm	
scriseserăţi		coborâserăţi	
scriseseră		coborâseră	

b Note these unusual forms which are modelled on the exceptional past participles met in Unit 9:

fusesem	*I had been*	dădusem	*I had given*
fuseseşi		dăduseşi	
fusese		dăduse	
fuseserăm		dăduserăm	
fuseserăţi		dăduserăţi	
fuseseră		dăduseră	

A avea *(to have)* has two forms:

avusem	*I had had*	avusesem	*I had had*
avuseşi		avuseseşi	
avuse		avusese	
avuserăm		avuseserăm	
avuserăţi		avuseserăţi	
avuseră		avuseseră	

Examples:

Îmi propusesem să deschid un cont.	*I had taken it upon myself to open an account.*
Luasem metroul dar tot întârziasem.	*I had taken the underground, but I had still arrived late.*
Când am ajuns am constatat că ei plecaseră cu trei luni înainte.	*When I arrived I discovered that they had left three months earlier.*

In the above example note the phrase **cu trei luni înainte** *three months earlier*. Do not confuse this with **acum trei luni** *three months ago*.

Notes

• **După ce** is followed by the past tense in Romanian whereas *after* in English is often followed by *had done/left*, etc:

După ce am stat zece ore în tren nu ne-a așteptat nimeni la gară.

After we had spent ten hours in the train no one waited for us at the station.

• Romanian uses the *had* forms in reported speech less often than in English:

Au crezut că am plecat fără umbrelă.

They thought I had left without my umbrella.

Nu ne-am imaginat că a fost arestată.

We didn't imagine that she had been arrested.

2 'I might be going', 'I might have gone', 'I wonder if'

a Statements expressing a present or past possibility such as *he may go*, *he might be going*, *he might have gone* can be conveyed in two ways in Romanian. You can:

• use a conditional form of **a se putea** *to be able* followed by **să**:

S-ar putea să ajungem mâine.

We may/might arrive tomorrow.

S-ar putea ca George **să** vrea să schimbe niște dolari.

George might want to change some dollars./Maybe George will want to change some dollars.

Might have is expressed as **să fi** plus the past participle:

S-ar putea ca George **să fi vrut** să schimbe niște dolari.

George might have wanted to change some dollars.

S-ar putea ca noi **să fi crezut** că s-a schimbat ceva.

We might have thought that something had changed.

• use a special form of the verb called the presumptive. This is constructed from the future **voi fi** plus the present participle to say *I might be doing*, and from **voi fi** plus the past participle to say *I might have done*:

voi fi mergând *I might be going* voi fi mers *I might have gone*
vei fi mergând   vei fi mers

va fi mergând	va fi mers
vom fi mergând	vom fi mers
veţi fi mergând	veţi fi mers
vor fi mergând	vor fi mers

In colloquial speech, **voi** often becomes **oi**:

and **va**	**o**
vom	**om**
vor	**or**

Om fi ajungând mâine.	*We may/might arrive/ be arriving tomorrow.*
George o fi vrând să schimbe niște dolari.	*George might want to change some dollars. Maybe George will want to change some dollars.*
George o fi vrut să schimbe niște dolari.	*George might have wanted to change some dollars.*
Noi om fi crezut că s-a schimbat ceva.	*We might have thought that something had changed.*

With the verb **a fi**, you find that **o fi** is preferred to **o fi fiind**:

Unde **o fi** Ana? **O fi** în grădină.	*Where can Ana be? She may be in the garden.*
Cine **o fi** logodnicul ei?	*Who can her fiancé be?*

b In the last two examples **o fi** is the equivalent of *I wonder where?*, *I wonder who?* You could in fact ask:

Mă întreb unde este Ana?	*I wonder where Ana is?*
Mă întreb cine este logodnicul ei?	*I wonder who her fiancé is?*

The notion of *I wonder* can also be rendered by **oare**:

Oare unde este Ana?	*I wonder where Ana is?*
Oare cine este logodnicul ei?	*I wonder who her fiancé is?*

Compare these examples:

Ne întrebăm dacă se întoarce Monica.	*We're wondering if Monica is going to return.*
S-o fi întorcând Monica? = **Oare** se întoarce Monica?	*Is Monica going to return (I wonder)?*
Se întreabă când s-a construit biserica.	*They wonder when the church was built.*
Când s-o fi construit biserica? = **Oare** când s-a construit biserica?	*When was the church constructed (I wonder)?*

3 'In front of', 'around', 'at the back of', 'because of'

a Some words indicating position, and a small number of expressions such as *because of*, are followed by nouns in the *to/of* form. Here is a list of examples:

lupta **contra** Sidei	*the fight against AIDS*
lupta **împotriva** ignoranţei	*the fight against ignorance*
înaintea uşii	*in front of the door*
în faţa maşinii	*in front of the car*
în spatele vilei	*at the back of the villa*
în dosul hotelului	*at the back of the hotel*
în dreapta gării	*to the right of the station*
în stânga restaurantului	*to the left of the restaurant*
în fundul geamantanului	*at the bottom of the suitcase*
în jurul lumii	*around the world*
în urma accidentului	*following the accident*
din cauza inflaţiei	*because of inflation*
deasupra apartamentului meu	*above my flat*
de-a lungul şoselei	*along the main road*
în locul generalului	*in place of the general*

Me, *you* and *our*, when preceded by the above expressions, are conveyed by the possessive adjective forms which agree. The expressions in **-a** are regarded as feminine nouns, and those in **-le** and **-ul** as neuters:

În faţa mea este o statuie.	*In front of me is a statue.*
În dreapta noastră se află o fântână.	*There is a fountain on our right.*
Nu văd nimic în jurul meu.	*I see nothing around me.*

Him, *her* and *them* are represented by the personal pronoun:

În faţa lor este o statuie.	*In front of them is a statue.*
În dreapta lui se află o fântână.	*There is a fountain on his right.*
Ea nu vede nimic în jurul ei.	*She sees nothing around her.*

b As well as **în stânga**, **în dreapta**:
You may also meet **de stânga**, **de dreapta** in a political sense:

Partidul Social Democrat este considerat un partid **de stânga**.	*The Social Democratic party is considered a party of the Left.*
Partidul 'România Mare' este un partid **de dreapta**.	*The România Mare party is a party of the Right.*

ℹ The economy today

Not long ago Bucharest was a dark, dirty and dismal city with cold flats and houses, and empty shops. Now the streets are better lit and many shops have coloured illuminated signs and elegant window displays. There is a greater choice of food and clothing, but prices are high. Wage increases have not kept up with the rise in prices and pensioners have been particularly badly hit. As government subsidies are withdrawn from the giant state industries which produce goods that nobody wants, workers are laid off and unemployment rises. Discontent can easily be channelled into nationalist feeling and this in turn can be used to support the reintroduction of authoritarian rule.

Tourism offers a potential area for growth in Romania. The beauty and variety of much of Romania's landscape is still largely inaccessible to visitors and carefully controlled development of the country's many lakes, spas and mountains could provide local employment and foreign earnings. Development of a food processing industry would enable the country to provide more food for its population and to increase its food exports. There is also room for expansion of the textile and furniture industries which have a skilled workforce that can produce goods of quality for export. However, import quotas and tariff barriers in the West restrict the amount of textiles which Romania can sell to the European Community and the United States. If Romania's economy is not given more assistance by the West, the pain of reform will become unbearable and the country will become a byword for instability rather than for prosperity.

▶ Dialogue

Changing money. Victor seeks advice about where the best rates of exchange are to be found.

Victor	Petre, ştii cumva care e cursul dolarului?
Petre	Faţă de leu?
Victor	Da.
Petre	Sunt 6000 de lei la dolar.
Victor	Şi care e cel mai apropiat birou de schimb?
Petre	După colţ, la hotel.
Victor	Pe dreapta sau pe stânga?
Petre	Pe dreapta, în stânga unei bănci.
Victor	Grozav. Mă duc la bancă. Tot îmi propusesem să deschid un cont.
Petre	E mai bine la bancă. Comisionul e mai mic.
Victor	Sper. Şi pot depune în cont dolarii pe care-i schimb.

	Încasez şi un cec de călătorie.
Petre	Mai ai ceva de făcut azi?
Victor	Nu. De ce?
Petre	N-ai vrea să vii cu mine la Radu? Luăm metroul şi într-un sfert de oră suntem acolo. Nu stăm mult. Durează cinci minute să-i dau anunţul.
Victor	Tocmai mă întrebam ce-o mai fi făcând. O fi venit de la Madrid?
Petre	A venit acum două zile.
Victor	Despre ce anunţ e vorba?
Petre	La Mica Publicitate.
Victor	Dar tu nu poţi să-l dai?
Petre	Ba da. Însă Radu are relaţii şi anunţul apare mai repede.
Victor	Ah! Pe sistemul: X cunoaşte pe Y care e rudă cu Z care-l ştie pe A ...
Petre	Exact. Unchi, mătuşi, bunici, veri, lanţul rudelor şi al slăbiciunilor.
Victor	Dacă nu-s indiscret, ce anunţ vrei să dai?
Petre	O să vezi. În orice caz, nu în genul: 'Tânără văduvă caută soţ bătrân cu avere de îngrijit.'

Exercises

1   In the last line of the dialogue Petre says: *You'll see. In any case not (an ad) of the kind: Young widow seeks an elderly husband with money to look after.* Here are some examples of typical small ads found in Romanian newspapers:

OFERTE

Firmă germană cu sediul în Bucureşti caută tânără secretară, max 30 ani, limba germană curent, engleză-franceză mediu, cunoştinţe optime de dactilografiere şi telex. Informaţii la telefon 650 20 24

VÂNZĂRI

VÂND Opel Rekord 1984, stare excepţională. Tel. 797 53 25.

VÂND apartament 5 camere Bucur-Obor. Telefon 788 00 11.

VÂND videorecorder Sony – 1.000 000 lei. Tel. 971 22 122.

CUMPĂRĂRI

CUMPĂR apartament vilă sau bloc, teren centru (lei/valută).
Tel. 765 77 00
CUMPĂR televizor color românesc.
Tel. 333 00 11.

SCHIMBURI

SCHIMB garsonieră Bucureşti cu similar Braşov. Tel. 01 60 95

dactilografiere (f)	*typing*	**stare** (f)	*condition*
garsonieră (f)	*studio flat*	**teren** (n)	*land*
sediu (n)	*headquarters*		

▶ **2** Listen to the recording and say which of the following are true or false.
   a Victor ştie care e cursul dolarului.
   b Victor nu ştie unde se poate schimba valuta.
   c Banca este în dreapta biroului de schimb.
   d Victor vrea să meargă la bancă numai pentru a schimba dolari.
   e Petre îi propune lui Victor să meargă la Radu pe jos.

3 Replace the verbs in bold by the pluperfect (*had*) forms.
   Example: Ştiam că **a fost** în concediu.
   Ştiam că **fusese** în concediu.
   a Ştiam că **a fost** în concediu.
   b Ne întrebam ce **au avut** împotriva noastră.
   c **Au schimbat** nişte cecuri de călătorie.
   d **Am plecat** fără să văd dacă am cecul la mine.
   e **Ne-am trezit** prea târziu pentru a mai găsi o bancă deschisă.
   f **Aţi crezut** că au plecat fără umbrelă.

4 Translate Exercise 3 into English.

5 Imagine you are in position A on the diagram. True or false?
   a cinematograf
   b teatru
   c tutungerie
   d restaurant
   e bancă
   f hotel
   g poştă
   h staţie de metrou
   i staţie de autobuz

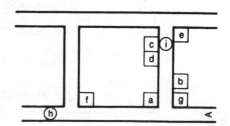

i   Faţă de A, poşta e pe stânga şi cinematograful e pe dreapta.
ii Pentru a ajunge la restaurant, luaţi-o pe a doua la dreapta şi pe prima la stânga.
iii Restaurantul e în stânga tutungeriei.
iv Banca e vizavi de teatru.
v   Staţia de autobuz e în dreptul tutungeriei.
vi Cinematograful e pe colţ.

6   Translate into English:
a   Apartamentul meu este deasupra apartamentului lui Petre.
b   În jurul casei este o grădină superbă.
c   În spatele vilei se află piscina.
d   Liftul este în faţa apartamentului.
e   Maşina lor e în stânga maşinii voastre.
f   În dreapta hotelului se află o bancă.

7   Supply the correct form of the pronoun.
    Example: Studenţii stau în jurul (**el**).
                 Studenţii stau în jurul **lui**.
a   Studenţii stau în jurul (**el**).
b   În spatele (**ea**) este un bar.
c   Familia Georgescu locuieşte deasupra (**ei**).
d   În faţa (**noi**) este o staţie de metrou.
e   În dreapta (**dumneavoastră**) este un hotel.
f   Toţi sunt împotriva (**tu**).

8   Give a suitable form of the verbs in brackets.
    Example: S-ar putea ca George (**a vrea**) să schimbe nişte dolari.
                 S-ar putea ca George **să vrea/să fi vrut** să schimbe nişte dolari.
a   S-ar putea ca George (**a vrea**) să schimbe nişte dolari.
b   S-ar putea să (**eu- a veni**) cu voi.
c   S-ar putea să (**noi- a pleca**) cu avionul.
d   Ce-o fi (**face**) George acum?
e   S-or fi (**a se întoarce**) din Franţa săptămâna trecută?
f   S-or fi (**a se duce**) ieri la doctor?

9   Translate Exercise 8 into English.

20

recapitular

revision

1 Listen to the following dialogue, or read if you don't have the recording. Then answer the questions.

Nicu	Alo, casa Stănescu?
O voce	Nu, aţi greşit numărul.
Nicu	Nu aveţi 718.24.25?
O voce	Nu!
Nicu	Scuzaţi, vă rog.
Nicu	Alo, casa Stănescu?
O voce	V-am spus de trei ori până acum că e greşeală.
Nicu	Oh! Scuzaţi!
Nicu	Alo, Informaţiile?
I	Da, ce doriţi?
Nicu	Aş vrea să ştiu ce număr are Stănescu Paul, strada Dreaptă. Numărul nu este în cartea de telefon.
I	Un moment, vă rog ... are 651.74.28.
Nicu	Este cumva un număr secret?
I	Nu.
Nicu	Atunci de ce nu este în carte?
I	Pentru că v-aţi uitat într-o carte de telefon veche.
Nicu	Oh! Nu ştiam că a apărut cea nouă.
I	Nici n-a apărut!
Nicu	Ei, aşa da! Trebuia să-mi dezvolt calităţi de clarvăzător.
I	Nu fiţi impertinent!
Nicu	Scuzaţi-mă. Spuneţi-mi, vă rog, aveţi des astfel de discuţii?
I	Da, mult prea des.
Nicu	N-aş spune că nu le meritaţi!

a What number did Nicu think he was ringing?
b How many times had he been told that he had called the wrong number?
c What did he do to find the correct number?
d Why couldn't he find the number?
e Why is Nicu called impertinent?

2 Use the diagram of part of the Bucharest underground network to check your knowledge of *first*, *second*, and so on.

a Câte staţii sunt de la Gara de Nord la Grozăveşti?
b Piaţa Romană este prima sau a doua staţie după Universităţii?
c Dristor 1 este a treia sau a patra staţie după Timpuri Noi?
d Între ce staţii este Obor?

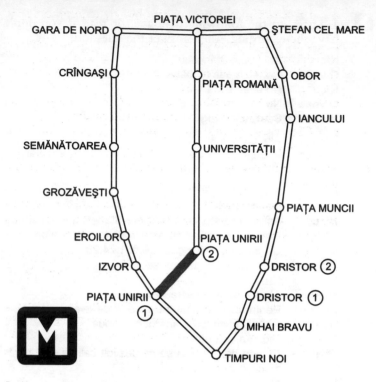

Bucharest underground plan and symbol

3 Look at the airport/city centre bus timetable opposite and then answer the questions.

Aeroport	Centru
0500	–
0600	0500
0715	0600
0800	0650
0900	0800
1000	0900
1100	1000
1200	1100
1300	1200
1400	1300
1500	1400
1600	1500
1700	1600
1800	1700
1900	1800
2000	1900
2100	2000
2200	2100
Centru	Aeroport

a   La ce oră pleacă primul autobuz de la aeroport spre oraş?

b   Care este ultimul autobuz din centrul oraşului spre aeroport?

c   Câte curse de autobuz pe zi sunt de la aeroport spre centru?

d   Dacă pierzi autobuzul de la 0715 la aeroport cât trebuie să aştepţi până pleacă următorul?

e   Câte curse (buses) sunt până la aeroport după ora 2100?

4   Study the following announcements and then answer the questions.

Orele de decolare/aterizare pot fi modificate fără o înştiinţare prealabilă. În consecinţă, pasagerii sunt rugaţi să verifice aceste date înainte de a-şi face rezervarea.

a   What can be changed without prior notice?

b   What should passengers do before making a reservation?

Copiii beneficiază de tarife speciale în funcţie de vârstă (până la 12 ani) şi în cazul în care călătoresc singuri sau însoţiţi de un adult. Copiii sub 2 ani care nu ocupă un loc individual şi sunt însoţiţi de un adult beneficiază de o reducere de 90% din tariful pentru adult.

a   What benefits do children enjoy?

b   What is the age limit for such benefits?

c   What benefits do childen under two receive?

d   List the conditions which must be fulfilled.

5   Give the required form of the adjective.
Example: Toţi copiii lor sunt (**blond**).
                Toţi copiii lor sunt **blonzi**.

a   Toţi copiii lor sunt (**blond**).

b   Aş vrea o casă mai (**mare**) decât cea în care locuiesc.

c   În ultima vreme aţi citit numai cărţi (**interesant**).

d   Este o experienţă (**folositor**).

e   Şi-a cumpărat nişte cărţi (**englezesc**).

f   Vrea să-şi vândă maşina (**vechi**) şi să-şi cumpere una (**nou**).

g   Aceşti tineri sunt foarte (**înalt**).

h   Vederea este (**frumos**).

6 Match the columns:

a	Cele mai multe limbi se vorbesc în ...	înotul.
b	Cel mai sănătos sport este ...	India.
c	Cel mai mare oraş din lume este ...	Canary Tower.
d	Cea mai înaltă construcţie din Europe este ...	China.
e	Ţara cu populaţia cea mai numeroasă este ...	Mexico City.

7 Replace the present with the present conditional.
Example: Dacă **vreţi, pot** să vă ajut.
Dacă **aţi vrea, aş putea** să vă ajut.

a Dacă **vreţi, pot** să vă ajut.
b Dacă **am** timp, **trec** să te văd.
c Vă **duceţi** la ei dacă **vă invită**?
d Au spus că **se mută** dacă **găsesc** o casă mai bună.
e Îţi imaginezi că dacă **sunt** obligat, **stau** la coadă.
f Îi **telefonez** dacă **aflu** ce număr are.
g Dacă **este** cald, **plecăm** la mare.
h Dacă îmi **daţi** adresa, îi **scriu**.

8 Rewrite Exercise 7 using **a** the past conditional, and **b** the imperfect.
Example: Dacă aţi fi vrut, aş fi putut să vă ajut.
Dacă voiaţi, puteam.

9 Use the correct reflexive pronouns.
Example: Victor şi Maria_____ au întâlnit la cinema.
Victor şi Maria s-au întâlnit la cinema.

a Victor şi Maria_____ au întâlnit la cinema.
b Eu_____ am dus după cumpărături.
c Noi_____ am întors din străinătate.
d Copii, _____ aţi spălat pe mâini?
e _____ ai trezit prea devreme.
f _____ aţi uitat aseară la televizor?

10 Replace the past with the imperfect.
Example: Ne-am întâlnit foarte des.
Ne întâlneam foarte des.

a Ne-am întâlnit foarte des.
b V-aţi salutat cu răceală.
c Şi-au imaginat că aţi fost grăbiţi.
d Ne-am dat seama că au avut dreptate.
e Ţi-ai amintit de el.
f S-au văzut la doctor.
g S-au certat foarte des.

11 Give the forms of the pronouns in brackets.
   Example: (Eu) s-a spus că s-a scumpit benzina.
              Mi s-a spus că s-a scumpit benzina.
   a   (Eu) s-a spus că s-a scumpit benzina.
   b   (El) s-a părut că e mai cald.
   c   (Noi) s-a zis să plecăm cu trenul.
   d   (Voi) s-a părut că i-aţi văzut.
   e   (Ei) s-a transmis mesajul.
   f   (Ele) s-a terminat benzina.
   g   (Tu) s-au dat scrisorile.
   h   (Dumneavoastră) s-a comunicat adresa firmei.

12 Give the *don't* forms:
   Example: Dă-i-l! Nu i-l da!
   a   Dă-i-l!
   b   Citeşte-i-o!
   c   Luaţi-o!
   d   Credeţi-i!
   e   Transmite-i-le!
   f   Spune-mi-o!
   g   Du-i-le!
   h   Trimiteţi-mi-l!

13 Add the correct ending.
   Example: Au fost **anunţat**(-) că liftul a fost reparat.
              Au fost **anunţaţi** că liftul a fost reparat.
   a   Au fost **anunţat**(-) că liftul a fost reparat.
   b   Aţi fost **obligat**(-) să veniţi înapoi mai repede.
   c   Maria, vei fi **invitat**(-) la teatru.
   d   Au fost **trezit**(-) de un telefon.
   e   Cecurile au fost **schimbat**(-) la bancă.
   f   Scrisorile vor fi **trimis**(-) mâine.
   g   Cartea a fost **pus**(-) în bibliotecă.
   h   Mesajele vor fi **transmis**(-).

14 Translate into English:
   a   Se aude că se scumpeşte transportul.
   b   S-a crezut că se va schimba guvernul.
   c   Se vede că nu s-a schimbat nimic.
   d   Se pare că va fi o schimbare în viaţa ei.
   e   Se zvoneşte că va fi un spectacol superb.
   f   Se spune că e un tablou frumos.

15 Use the correct form of **al, a, ai, ale**.
   a   Aceste cărţi sînt _____ mele.
   b   _____ cui este maşina?

   c   Acesta e un prieten de _____ ei.
   d   O prietenă de _____ mea pleacă la Roma.
   e   _____ cui sunt copiii?
   f   _____ tale sunt mai frumoase.
   g   _____ cui este bagajul?
   h   Acestea sunt _____ dumneavoastră.

16   Give the correct ordinal number.
    Example: Este **(5)** oară când văd filmul.
                  Este **a cincea** oară când văd filmul.
   a   Este **(5)** oară când văd filmul.
   b   Este **(3)** schimbare de guvern.
   c   Au trecut mulţi ani de la **(2)** război mondial.
   d   Acesta este **(1)** meci câştigat de ai lor.
   e   Aşteptăm cu interes **(1)** lui piesă.
   f   Când se va transmite **(2)** ştire?
   g   O să fie publicat **(4)** volum.
   h   **(8)** articol este cel mai bun.

Books

An excellent guide for the visitor to Romania which also provides background reading for students of the language is *The Rough Guide to Romania* by Tim Burford and Dan Richardson (2001, Rough Guides Ltd). You will find here a brief survey of Romania's history, information on the country's minority populations, and details about wildlife, music and literature, as well as an annotated list of recently published books on the country, thematically arranged.

Websites*

A useful website for information about Romania is http://www.romania.org. Here you will find links to the arts, business, education, entertainment, the government, media, and organizations, including charities. The media link gives you on-line access to Romanian newspapers. The most informative are *Adevărul*, *Evenimentul Zilei*, and *România liberă*. Here are websites of the most popular papers: http://www.adevarul.ro, http://www.ziua.ro, http://www.zf.ro, http://www.evenimentulzilei.ro, http://www.capital.ro.

*The publisher has used its best endeavours to ensure that the URLs for external websites referred to in this book are correct and active at the time of going to press. However, the publisher has no responsibility for the websites and can make no guarantee that a site will remain live or that the content is or will remain appropriate.

The site **http://embassy.romania.org** provides information about visa requirements for Romania. For tourist information try **http://www.romaniatourism.com**

Radio broadcasts

A valuable source of natively spoken Romanian is the radio (you cannot pick up Romanian TV outside Romania). From Britain and elsewhere you can tune into the Romanian service of BBC World Service on short wave on 49 m (6.01 and 6.05 MHz), 41 m (7.21 MHz), 31 m (9.75 MHz) and 25 m (11.845 MHz) (times vary).

Unit 1

1 a Bună dimineața, domnule Porter. b Bună ziua, doamnă Enescu. c Bună seara domnișoară Enescu. 2 La revedere. 3 Vorbiți mai rar, vă rog. 4 a Bună ziua. Ce mai faceți? b Vorbiți mai rar, vă rog. c Nu mulțumesc. d La revedere. 5 Poftim? 6 Noapte bună. 7 a Bună dimineața b Noapte bună c Domnule d Ce mai faceți? e Bună ziua f Poftim? g La revedere h Bună seara i Scuzați: vertical = Mulțumesc. Un mic test a Bună ziua b Vorbiți englezește? c Mulțumesc

Unit 2

1 In a restaurant. 3 Îmi pare rău, nu avem ceai. Nu avem bere. Nu avem nici cafea. Poate doriți vin. 4 Scuzați, vă rog, unde este a un hotel b o farmacie c o stație de benzină. 5 a Nu mulțumesc, nu vreau cafea. b Nu, îmi pare rău, nu avem aspirine. c Nu vreau ceai. d Nu, nu este un hotel. e Nu, nu este o stație de taxiuri. 6 aspirine; benzină; țigări. 7 Cât costă. 9 O stație de benzină; o sticlă de vin; o cameră de hotel; două bilete de metrou; zece bilete de tren

Unit 3

1 a true b false c true d false e true f false g false h false 2 d, b, c, g, h, e, a, f 3 a Aveți copii? b Aveți fete? c Sunteți englez? d Unde stați? e Cât timp stați aici? f Ce sunteți? g Câte zile/Cât timp stați la București? h Câte zile/Cât timp stați la Timișoara? 4 a un, b o, c un, d un, e un, f o, g un, h un, i un j un, k o, l o, m o, n o 5 vorbiți, unde, telefon, copil, aveți, sunteți, depinde, săptămână, ziaristă, sticlă. 6 a Sunteți româncă? b Sunt căsătorit. c Unde este un restaurant? d Mă numesc Victor Enescu. e Sunt student f Cât costă un bilet? g Vreau o sticlă cu apă minerală h Cât costă o cafea? i Unde este

o farmacie? **7 a** How much is a tea cake? **b** How much are two loaves? **c** We are staying seven days in Romania and nine days in Britain. **d** Would you like some coffee? **e** Yes, I would like two coffees. **f** We have four children. **8** Column **a** for Mr Porter and **b** for Mrs Porter. **9 a** un, **b** nu, **c** român, **d** este, **e** seară, **f** tren, **g** am, **h** unde, **i** România, **j** aici, **k** noapte, **l** telefon **10 a** câte, şaptesprezece, **b** câţi, patru, **c** câte, paisprezece, **d** câte, douăsprezece, **e** câţi, şaisprezece, **f** câţi, unsprezece, **g** câte, cincisprezece **h** câte, douăsprezece **i** câţi, şase.

Unit 4

Dialogue: a Mr Porter asks the way to the station. **b** The passerby asks Mr Porter whether he is going on foot or by bus. **c** About 20 minutes. **d** He goes on foot and then by bus. **e** Go straight on and then turn right. **f** Between the hotel and the restaurant. **g** There are six stops. **h** Yes. **i** Before you get to the hotel. **1** c, b, d, a. **2** Mergeţi pe bulevard drept înainte până la intersecţie, apoi la dreapta. Este un hotel între o staţie de autobuz şi o farmacie. **3 a** între **b** pe, până la **c** spre **d** lângă **4 a** mergeţi/staţi **b** stă **c** eşti **d** avem/luăm **e** mergi **f** sunt **g** iei, mergi **h** ia **i** avem **j** stau/sunt **k** aveţi **l** stă/este **m** merg **5 a** Noi stăm **b** Ei sunt **c** aveţi **d** merg e staţi **f** luaţi, mergeţi **g** Ei iau. **6 a** Mergeţi la gară? Nu merg la gară. **b** Stă la hotel? Nu stă la hotel. **c** Are un tichet de autobuz? Nu are un tichet de autobuz. **d** Merg cu maşina? Nu merg cu maşina. **e** Sunteţi român? Nu sunt român. **f** Sunt studenţi? Nu sunt studenţi. **g** Doriţi un pahar cu vin? Nu vreau un pahar cu vin. **h** Vorbiţi româneşte? Nu vorbesc româneşte. **i** Merge la farmacie? Nu merge la farmacie. **j** Luaţi autobuzul? Nu iau autobuzul. **7 a** Tu/dumneata mergi/ Dvs./voi mergeţi spre/la gară? **b** El stă la hotel? **c** Ea are un tichet de autobuz? **d** Ei/ele merg cu maşina? **e** Tu/dumneata eşti român? Dumneavoastră sunteţi român? **f** Ei sunt studenţi? **g** Tu/dumneata vrei un pahar cu vin? Dumneavoastră vreţi un pahar cu vin? **h** Dumneavoastră vorbiţi româneşte? **i** El merge la farmacie? **j** Tu/dumneata iei autobuzul? Dumneavoastră luaţi autobuzul? **8** Check the forms of the verbs in Grammar on page 36.

Unit 5

1 a 8am and 8pm **b** 8 **c** between 9 and 12 **d** 8.15 **2** False a, b, g; True c, d, e, f **3** 7.45, 7.25, 1.30, 2.15, 3.10, 11.40 **4 a** vorbeşte **b** ştiu **c** lucrează **d** întrebaţi **e** iei **f** lucraţi **g** ştiu **h** dorim **i** vedeţi **j** mergem **k** lucrez **l** vorbesc **5** E închis între opt şi şase. **6** (i) e; (ii) d; (iii) a; (iv) f; (v) b; (vi) c. **7 a** bun/obositor **b**

bună/mare/mică/dulce c buni/mari/mici/obositori d bune/
mar/mici e bun/sec/dulce f mică/bună/obositoare 8 a Asta
costă două sute şaizeci şi cinci de mii. b Între Bucureşti şi Piteşti
sunt o sută de kilometri. c George are un milion nouă sute de
mii de lei. d Ion lucrează patruzeci de ore. e Maşina costă
şaisprezece milioane de lei. f Am nevoie de opt sute treizeci şi
cinci de mii de lei.

Unit 6

1 20, 34, 46, 52, 66, 89, 91, 99, 100 2 a Ce doriţi? b Aveţi
aspirine? c Cât costă asta? d Cum vă numiţi? e Sunteţi români?
f Câţi copii aveţi? g Cât timp staţi aici? h De unde iau tichete? i
Cu ce mergeţi? 3 Douăsprezece şi un sfert, şaptesprezece şi
patruzeci şi cinci, treisprezece treizeci, paisprezece şi cincizeci,
douăzeci şi douăzeci, douăzeci şi două. 5 Cum merg spre o
farmacie, spre o staţie de metrou, spre un hotel, spre o
alimentară? 6 (Spre o farmacie) mergeţi până la intersecţie,
apoi la stânga. (Spre un hotel) mergeţi până la intersecţie, apoi
la dreapta. (Spre o staţie de metrou) mergeţi până la intersecţie.
Acolo este o staţie de metrou. (Spre o alimentară) mergeţi drept
înainte, apoi la dreapta. 7 My name is John Smith. I am
English. I am married and have two children, a girl and a boy. I
don't speak Romanian well. I am staying in Romania for two or
three weeks. What is your name? Do you have any children? 8
De unde luăm un autobuz spre gară, vă rog? Avem nevoie de
tichete de autobuz. De unde luăm tichete? Nu avem timp să
stăm la coadă. Putem merge pe jos? În cât timp suntem la gară
dacă mergem pe jos? 9 a câţi b unde c când d cât e câte 10 a
vorbesc b sunt c merg d Da, ştiu e Da, lucrez f văd g vreau h am
11 a nu stau mult b nu costă 2.000 de lei c nu am copii d nu
merg cu autobuzul e nu am un telefon f nu iau tichete de la
chioşc g nu mă numesc Ion h nu lucrez până la ora 6.

Unit 7

1 a Because it is expensive, it is not in the centre, the lift doesn't
work and neither does his shower. b Speak to the receptionist to
have the lift and shower repaired. c Moving to a flat. d In the
small ads in a newspaper. 2 False a, b, e; True c, d 3 a biletul,
b sticla, c taxiul, d câinele, e cofetăriile, f cafelele, g leii, h
duşurile, i maşinile, j domnul 4 a muntele, b centrul, c
cofetăria, d englezul, e oraşul, f autobuzul, g apartamentul, h
strada, i hotelul, j agenţia 5 a We must find a flat and a car to
rent. b It's too warm for us to go on foot. c They don't want to
stay at the hotel any longer and want to find a flat. d The lift

and shower aren't working and we must speak with the receptionist. e Where can I park the car? f Does the house have a garage? g The hotel is too expensive. h I want to ask for the lift to be repaired. 6 a stea b găsească c închiriezi d ia e fie f reparați g mergeți h cumpărăm 7 a Have you got time to repair the lift as well? b Are you going to continue on foot? c He too is coming to the hotel. d They still don't speak English well. e I can't queue for tickets any longer. f Do you also want to look at the small ads? g Do you want another cup of coffee? h Do you still want to go there? 8 a Pot merge cu tine/dumneavoastră. b Ei/ele pot lucra între opt jumate dimineața și trei după-amiaza. c Putem vorbi cu el. d Poți/puteți lua autobuzul de la hotel. e El poate întreba unde este o stație de taxi. f Poți/puteți sta la hotel. 9 a mă, b te, c ne, d vă, e se, f se, g mă 10 a Unde este restaurantul? b Unde este magazinul? c Unde este berăria? d Unde este farmacia? e Unde este stația de metrou? f Unde este hotelul? g Unde este ziarul? h Unde este taxiul?

Unit 8

1 a iii b ii c iii d iii 2 a unui bilet, b unui taxi, c unei gări, d unei plimbări, e unei cofetării, f unui telefon, g unui muzeu, h unei mașini, i unei cafele, j unei scrisori 3 a unor englezi, b unei mări, c unei săptămâni, d unei luni, e unui partener, f unor prieteni, g unei cărți, h unei zile, i unei ore, j unei studente 4 a He/she has to ask a friend to send some books to England. b I don't think I'll be free next week. c We'll be able to come with you to the seaside in August. d On Sunday I'll go to an exhibition. e Now he/she wants to make a telephone call to a girl friend. f In July we'll rent a car and we'll go to the seaside. g In three weeks' time we'll go to the mountains. h Within a fortnight you will be in London. 5 a Ce trebuie să ceară unui prieten? b Crezi că o să fii liber săptămâna viitoare? c O să puteți veni cu noi la mare în august? d Ce o să faci duminică? e Ce vrea să facă acum? f Ce faceți în iulie? g Ce faceți peste trei săptămâni? h Când o să fiu la Londra? 6 a unor, b niște, unor, c o, unui d o, unui, e unei, niște, f un, unei, g unei, o. 7 a unui, b unor, c unor, d unor, e unor, f unei, g unei 8 a o să dau, b o să faceți, c o să se ducă, d o să fie, e o să stați, o să veniți, f o să fiți, g o să am, h o să luăm. 9 a Peste o săptămână o să merg la Paris. b George o să vină la București săptămâna viitoare. c Mâine după-amiază o să cumpărăm o mașină. d Deseară o să vedem un film. e Trimite cărți unor colegi de două ori pe an. f Sâmbăta scriu scrisori unor prieteni din Anglia.

Unit 9

1 a i, b ii, c ii, d i, ii, e iii 2 a a găsit, b a avut, c s-a trezit, a stat, d a trecut, e a uitat 3 a tău, b dumneavoastră, c nostru, d lor, e lui, f vostru, g noștri, h tale, i ei, j lui, k ei, l lor 4 a Last week I wanted to drop in on you to see if you had found a car to hire. b I think I'll have the opportunity to see a good film on the television. c Last Monday the lift was out of order. d My neighbours on the landing are very pleasant. e I woke up fairly late and so had to hurry to avoid being late at the office. 5 a s-, b s-, c te-, d ne, e vă, f te, te, g m- 6 a Unde am pus cheile tale? b Am descoperit cheile lui George pe măsuță. c Am vrut să trec să te văd. d Ai putut găsi un apartament de închiriat? e La ce oră s-au trezit azi dimineață? 7 a întors, b grăbit, trezit, c uitat, d trimis, e dat, f scris, g spus 8 a prietenei, b vecinilor, c apartamentului, d orașului, e lui, f studenților, g băiatului, h casei 9 a ii b iii c i d vi e iv f v.

Unit 10

1 a George's son's birthday will be this month, on the 28th. b He will invite his friends. c his father d his friend 2 a această, b acest, c aceste, d acești, e această, f acestui, g acestor, h acestei, i acestor. 3 a acest b aceste c aceste d acest e acest f acești g aceste h acest i această 4 a acel b acele c acele d acel e acel f acei g acele h acel i acea 5 a acesta, b aceasta, c aceștia, d aceasteia, e acestuia, f acestea. 6 a s-o, b să-l, c să-i, d să le, e să-l. 7 a Nu le-am făcut încă. Le vom face mâine. b Nu ne-au ajutat încă. Ne vor ajuta mâine. c Nu i-a văzut. Îi va vedea mâine. d N-am luat-o încă. O voi lua mâine. e Nu le-a întrebat încă. Le va întreba mâine. f Nu l-am căutat încă. Îl voi căuta mâine. g N-am spălat-o încă. O vom spăla mâine. h Nu l-au reparat. Îl vor repara mâine. i Nu l-am cumpărat încă; îl voi cumpăra mâine. j Nu le-a trimis încă; le va trimite mâine. k N-am luat-o încă; o voi lua mâine. 8 a mă, b îl, c le, d te, e vă, f o, g îi, h ne, i vă 9 a o să mă, b o să-l, c o să le, d o să te, e o să vă, f o s-o, g o să-i h o să ne, i o să vă 10 a -l, b îi, c -o, d i-, e -l.

Unit 11

1 îți aduceai aminte, nu puteam uita, îl mai țineai minte, îți aminteai, era, aveam 2 a eram, admiram, b credeați, c aveau, voiau, d zâmbea, părea, e vedeam, spunea, f mergeați, luați, g credeam 3 a ii, b i, iv, c v, d iii, e vi, f viii, g vii. 4 a tot, b tot, c toate, d toată, e toată, f toate, g toți. 5 a mi-ai spus, b i-am dat, c v-ați amintit, d v-ați închipuit, e mi-am imaginat, f ți-ai

amintit, ţi-am spus, **g** i-am dat **6 a** nu-mi spui, **b** îi dau, **c** vă amintiţi, **d** vă închipuiţi, **e** îmi imaginez, **f** îţi aminteşti, îţi spun, **g** îi dau. **7 a** Nu, îi voi da telefon mai târziu. **b** Nu, le va scrie mai târziu. **c** Nu, îmi vei citi articolul mai târziu. **d** Nu, ne va trimite cartea mai târziu. **e** Nu, îţi vom spune mai târziu. **f** Nu, le vom oferi florile mai târziu. **g** Nu, vă vom arăta maşina mai târziu. **8 a** îi puteam da telefon **b** le putea scrie **c** îmi puteai citi **d** ne putea trimite **e** îţi puteam spune **f** le puteam oferi **g** vă puteam arăta **9 a** eu îmi imaginam, **b** noi ne închipuiam, **c** Dumneavoastră vă aminteaţi, **d** ele îşi închipuiau, **e** tu îţi aduceai aminte **10 a** îmi place berea, îţi place berea, îi place berea, ne place berea, vă place berea, le place berea **b** nu-mi place aici, nu-ţi place aici, nu-i place aici, nu ne place aici, nu vă place aici, nu le place aici **c** îmi plac dulciurile, îţi plac dulciurile, îi plac dulciurile, ne plac dulciurile, vă plac dulciurile, le plac dulciurile. **d** nu-mi plac programele, nu-ţi plac programele, nu-i plac programele, nu ne plac programele, nu vă plac programele, nu le plac programele.

Unit 12

1 a i, **b** iv, **c**, iii, **d** ii **2 a** Mie mi-a plăcut, dar lui nu i-a plăcut. **b** Nouă ne place, dar ei nu-i place **c** Lor le place, dar nouă nu ne place. **d** Mie îmi place, dar ei nu-i place. **e** Lui îi plac, dar vouă nu vă plac. **f** Nouă ne place, dar ţie nu-ţi place. **g** Nouă ne-a plăcut, dar lor nu le-a plăcut. **h** Lui i-a plăcut, dar mie nu mi-a plăcut. **i** Mie îmi place, dar vouă nu vă place. **3 a** Am vrea să călătorim. **b** Ar putea veni la timp. **c** Aţi hoinări toată ziua. **d** Dacă ai avea bani, ai cumpăra acestă maşină. **e** M-aş duce să văd o expoziţie. **f** Asta ar însemna că merge cu noi la mare. **g** Ai mânca numai la restaurant dacă ai avea bani. **h** Dacă n-ar munci, ar trăi pe spatele părinţilor. **4 a** ar trebui, **b** şi-ar închipui, **c** aş putea, **d** aţi vrea, **e** aş da dacă aş şti, **f** ar alege, **g** am dori, **h** aş lua **i** aţi mânca **5 a** Mie mi-e foame. **b** Nouă ne e sete. **c** Ţie ţi-e frică. **d** Şi mie şi lui ne e cald. **e** Lor le e indiferent. **f** Vouă vă e frig. **g** Ei i-e somn. **h** Lor le e rău. **i** Mie mi-e dor. **6 a** We ought to go by car, but we're afraid that we won't arrive on time. **b** It would be a good idea if you could speak to them. **c** What would you say if you saw him? **d** You wouldn't be thirsty if you drank a beer. **e** It would suit us to travel by air. **f** You wouldn't spend the whole summer here. **7 a** aceaşi **b** aceleaşi **c** aceleaşi, **d** aceeaşi, **e** aceeaşi, **f** acelaşi, **g** aceliaşi. **8 a** Am fost la acelaşi hotel de două sau de trei ori. **b** Prietenii noştri călătoresc trei luni pe an. **c** Maria stă toată ziua cu nasul în cărţi. **d** Aceşti copii au tot ce le trebuie. **e** Nu vă place să trăiţi pe spatele cuiva. **f** Ion spune că dacă s-ar mai naşte odată, ar duce aceeaşi viaţa. **9 a** Mi-am găsit cheile pe masă. **b** Nu v-aţi luat cărţile. **c** George ar trebui să-şi termine cartea. **d** Vreţi să vă închiriaţi apartamentul. **e** Va trebui să-ţi trăieşti viaţa. **f** Vor să-şi bea vinul.

Unit 13

1 Prietenii noştri şi-au cumpărat un apartament nou în care se vor muta luna viitoare. S-ar muta chiar acum, dar liftul nu merge încă iar apartmentul lor este la etajul zece. Credem că vom fi în oraş şi-i vom putea ajuta să se mute. **2** Our friends have bought themselves a new flat into which they will move next month. They would move right now, but the lift doesn't work yet and their flat is on the tenth floor. We think that we'll be in town and that we'll be able to help them move. **3 a** la, **b** într-, în, **c** pe, cu, **d** cu, cu, cu, **e** de la, peste, la **4 a** Este copilul meu. **b** Sunt bagajele mele. **c** Sunt colegii mei. **d** Este camera mea. **e** Este maşina mea. **f** Sunt valizele mele. **5 a** Le-am spus că... **b** I-aţi dat telefon... **c** I-aş trimite nişte cărţi... **d** Le veţi putea spune că vă mutaţi... **e** Îi scriam o scrisoare... **f** I-am cerut să... **g** I-aţi dat bacşiş. **6 a** m- **b** se **c** vă **d** ne **e** te **f** se **g** ne **h** vă **7 a** O cumpărăm. **b** Îl vedem. **c** O să-l ia. **d** Au găsit-o. **e** Am citit-o. **f** Le-am pierdut. **g** Le-am găsit. **h** I-au luat. **8 a** N-o cumpărăm **b** Nu-l vedem **c** N-o să-l ia **d** N-au găsit-o **e** N-am citit-o **f** Nu le-am pierdut **g** Nu le-am găsit **h** Nu i-au luat **9 a** am face, **b** v-aţi întoarce, **c** s-ar uita **d** mi-aş închipui, **e** i-ar plăcea, **f** ne-am duce **10 a** voi face/ o să fac/ am să fac **b** vă veţi întoarce/ o să vă întoarceţi/ aveţi să vă întoarceţi **c** se vor uita/ o să se uite/ au să se uite **d** îmi voi închipui/ o să-mi închipui/ am să-mi închipui **e** îi va plăcea/ o să-i placă/are să-i placă **f** ne vom duce/ o să ne ducem/ avem să ne ducem **11 a** m-am trezit, o să mă trezesc, **b** ne-am sculat, o să ne sculăm, **c** v-aţi gândit, o să vă gândiţi. **d** şi-a imaginat, o să-şi imagineze, **e** s-a crezut, o să se creadă **12 a** Lor le-am dat. **b** Pe voi/pe dumneavoastră v-am invitat la noi. **c** Ţie ţi-am cumpărat un ceas. **d** Lui/ei i-am cerut biletul meu. **e** Pe noi ne-a văzut la cinema. **f** Mie mi-au vândut casa. **g** Nu ţi-a spus ţie? **h** Pe ea am trimis-o la Paris.

Unit 14

1 Arătaţi-mi, vă rog, paşaportul.
Am nevoie de viza de intrare. N-am avut timp s-o iau la Londra.
Aveţi ceva de declarat?
N-am nimic de declarat în afară de câteva cadouri.
Cât timp doriţi să staţi în România?

Numai cinci zile.

Călătoriţi singur sau cu familia?

Sunt cu fiul meu. Acesta este paşaportul lui. Şi lui îi trebuie viza de intrare.

2 Please show me (your) passport.

I need an entry visa. I didn't have time to get it in London.

Do you have anything to declare?

I haven't anything to declare apart from a few presents.

How long do you want to stay in Romania?

Only five days.

Are you travelling alone or with the family?

I am with my son. This is his passport. He too needs an entry visa.

3 a ii, b i, c viii, d x, e v, f vii, g iv, h ix, i vi, j iii 4 a A cui este valiza? b Cine poate să ne ajute? c Cu cine călătoreşte copilul? d A cui este haina? e Al cui este paşaportul? f Cine are nevoie de viză de intrare? g Pe cine pot să întreb? 5 a Nu este al meu. b Nu este a mea. c Nu sunt ai ei. d Nu sunt ale mele. e Nu este a lui. f Nu sunt ale noastre. g Nu este al lor. h Nu sunt ai mei. 6 a al, b -ai, c -al, d a, e -ale, f ai, g a. 7 a Who is Mr Porter's colleague? b Which of them are you going to buy? c Which is your plane? d Which customs officer did you give the form to? e Which neighbour do these dogs belong to? f To which lady are you giving the books? g Which of them owns this passport? 8 a căreia, b a cărui, c pe care, d pe care, e care, f căruia, g al cărui 9 a The lady you telephoned is a secretary. b This is the man whose suitcase you opened. c It is the very restaurant you are looking for. d The book which I am reading belongs to a colleague of mine. e The newspapers which are on the table are theirs. f This is the border guard to whom I gave the passport. g It's the hotel whose lift doesn't work. 10 a Este al meu. b Sunt ale mele. c Sunt ai mei. d Este a mea. e Este a mea. f Sunt ale mele.

Unit 15

1 George likes his comfort. He likes to go to the seaside, sit under an umbrella and read a book. He would like to get a gentle tan. 2 a The person coming towards us is Adrian. b Maria is the person you ought to ask about this. c You are the one who likes to sunbathe. d Victor and Maria are the persons I am telephoning. e You ask me where is the umbrella which George is sitting under? It is the red one, over there. f Good friends are those who help you in time of need. 3 a Este cea mai bună piesă. b Aceştia sunt cei mai inteligenţi studenţi. c Sunt prietenele mele cele mai bune. d Unde este cel mai bun

restaurant? e În această librărie poți găsi cele mai bune și mai interesante cărți. f Radu se bronzează cel mai repede. g La mare ne simțim cel mai bine. h Este cel mai scump computer. 4 a În cel mai bun caz vor găsi două bilete chiar înainte de spectacol. b În cel mai rău caz ai putea merge cu taxiul. c Care este prietenul lui cel mai bun? d Acesta a fost cel mai greu examen. e Ei cred că aceste orașe sunt cele mai frumoase. 5 a v, b vi, c vii, d iv, e ii, f iii, g i. 6 a a fost chemat, b a fost închiriat, c au fost ocupate, d a fost trimis, e am fost invitați, f au fost citite, g a fost scrisă 7 a George is summoned by the professor. b This flat is rented by Mr Georgescu. c The seats are taken by two ladies. d The parcel is sent by my husband. e We are invited to a party. f These books are read by all my friends. g The letter is written by this secretary. 8 a de făcut, b de citit, c scris, interzis, d scris, e de închiriat, f de știut, g de zis, de făcut h de văzut.

Unit 16

2

P: You must go without fail to the doctor.

G: I don't like going to the doctor.

P: Even if you don't like it, you've got to see what's wrong with you.

G: But there's nothing wrong with me, I'm as fit as a fiddle.

P: Have you forgotton that you complained that you felt dizzy.

G: Oh yes! But what if I did?

P: You might have high blood pressure.

G: You Romanians, you're all doctors!

P: I know that I'm pestering you, but it's better to go to have your blood pressure taken, to have some injections done and ...

G: And after that you'll say I'm a hypochondriac!

3 a unora, altora, b unii, alții, c unul, altul, d uneia, alteia, e unele, altele, f unuia 4 a iii, b i, c iv, d ii, e v, f vi 5 a fiecare, b fiecare, c fiecăruia, d amândoi, e amândouă, f amândoi 6 a spune, b dă, c citește, d ia, e du-te, f uită-te, g amintește 7 a nu spune, b nu da, c nu citi, d nu lua, e nu te duce, f nu te uita, g nu-i aminti 8 a spuneți, b dați, c citiți, d luați, e duceți-vă, f uitați-vă, g amintiți-i 9 a Mă doare capul b Mă doare spatele c Mă ustură ochii d Mă doare un dinte e Mă dor picioarele f Mă doare în piept g Am temperatură h Mă doare în gât i Am nevoie de un calmant.

Unit 17

2 a i, b iv, c iii, d v, e vi, f ii, g i. 3 a How long have you known my son? d Did you retire some time ago? c How long have you been learning Latin? d How many weeks is it since they received

a letter? e How long is it since you saw him? f How long have you been living in Paris? g Have you been a smoker for long? 4 Suggested answers: de mult, de puţin timp, de 5 ani, de 3 săptămâni, din 1980 etc. 5 a Înainte de a pleca la serviciu, am de gând să dau câteva telefoane. b Radu n-a mai venit pe la noi după ce s-a întors din străinătate. c Mai treceţi pe la noi înainte de concediu. d Nu ne-am mai văzut de vreo cinci, şase ani, deci de când am terminat facultatea. e În ultimul timp n-am mai făcut nimic interesant. f Mi se face dor de mare ori de câte ori mă gândesc la concediu. 6 a Ce ai de gând să faci înainte de a pleca la serviciu? b De când n-a mai venit Radu pe la dvs.? c Când să mai trecem pe la voi? d De când nu v-aţi mai văzut? e Ce-aţi mai făcut în ultimul timp? f Când ţi se face dor de mare? 7 a The pupils go to school five days a week. b We are leaving for Romania a week today. c They go to the mountains three times a year. d You must have an injection every two days. e It's Radu's birthday in three weeks' time. f We telephone him/ her from time to time. g Do you buy the newspaper each day? 8 a i, b iv, c vi, d vii, e v, f ii, g iii 9 a Who have you seen recently? b I met one of the men whom you introduced to me last week. c Which of them, the professor or the doctor? d I haven't had time to see anyone. e At one time I used to meet them all at parties. f Now I only meet those who live close to me. 10 a primul, b primii, c prima, d primele, e primului, f primul 11 a They have read interesting books about the two world wars. b Many things have happened since the Second World War. c This is the tenth book he is writing. d The fifth course of treatment was the best. e I'm telling you the same thing for the hundredth time.

Unit 18

2 m-am întors, se zvoneşte, se pare, se scumpeşte, te miri, mă mir, se mai spune, se zice, se pare, s-a transmis, s-a scumpit, mă simt, se concentrază, se uită, uitîndu-se, te-ai mai văzut 3 a s-au vândut, b s-a transmis, c s-a terminat, d s-a trimis, e s-a băut, f s-au citit, g s-a terminat h s-au scumpit 4 a It's said that the price of cheese has gone up. b There is said to be a queue for meat. c It is rumoured that the price of eggs will fall. d It is believed that there will be a hard winter. e Summer, it is supposed, will be hot. f It is obvious that people are sad. 5 a ne întâlnim, ne întâlneam, ne-am întâlnit, b se văd, se vedeau, s-au văzut, c vă certaţi, vă certaţi, v-aţi certat, d se salută, se salutau, s-au salutat, e ne felicităm, ne felicitam, ne-am felicitat, f se bat, se băteau, s-au bătut 6 a We'll meet/we used to meet/we met on Ana's birthday. b They see/used to see/saw each

other often when queueing. **c** There's no point/was no point in their arguing. **d** They greet/used to greet/greeted each other coolly. **e** We congratulate/used to congratulate/congratulated each other after each exam. **f** The supporters fight/used to fight/fought at the match. **7 a** văzând, **b** fiind, **c** neavând, **d** venind, **e** deschizând, **f** scriind **8 a** citindu-l, **b** văzându-l, **c** scriindu-le, **d** punând-o, **e** luând-o, **f** dându-i **9 a** ducându-vă, **b** trezindu-se, **c** spălându-se, **d** dându-ne, **e** imaginându-ţi, **f** amintindu-şi **10 a** As far as I know they left yesterday for Vienna. **b** The more you know, the more you realize how little you know. **c** It was so cold that they decided not to go to the sea. **d** He was as silly as he was ugly. **e** The programme is so poor that we'll have to turn off the TV. **f** As far as we're aware the price of petrol has increased.

Unit 19

2 False a, d, e; True b, c **3 a** fusese, **b** avuseseră/avuseră, **c** schimbaseră, **d** plecasem, **e** ne treziserăm, **f** crezuserăţi **4 a** I knew that he has been on holiday. **b** We were wondering what they had against us. **c** They changed some travellers' cheques. **d** I left without seeing if I had the cheque on me. **e** We woke up to the fact too late in order to find a bank open. **f** You thought that they had left without an umbrella. **5** False (i) (ii), (iv); True (iii), (v), (vi) **6 a** My flat is above Petre's flat. **b** There is a superb garden around the house. **c** The swimming pool is at the back of the villa. **d** The lift is in front of the flat. **e** Their car is on the left of your car. **f** To the right of the hotel is a bank. **7 a** lui, **b** ei, **c** lor, **d** noastră, **e** dumneavoastră, **f** ta **8 a** să vrea, să fi vrut, **b** să vin, **c** să plecăm, **d** făcând, **e** întors, **f** dus **9 a** George might want/have wanted to change some dollars. **b** I might come with you. **c** We might leave by plane. **d** What can George be doing now? **e** They might have returned from France last week. **f** They might have gone to the doctor yesterday.

Unit 20

1 a 718.24.25. **b** 3 times. **c** Rang Directory Enquiries. **d** Because it was not in the telephone directory. **e** Because he says he must become clairvoyant. **2 a** 3, **b** prima, **c** a treia, **d** Ştefan cel Mare şi Iancului. **3 a** 0500, **b** 2100, **c** 18, **d** 45 minutes, **e** none **4 a** The take-off and landing times. **b** Check these times; a Special fares, **b** 12, **c** 90 per cent reduction in the fare, **d** They must not occupy a seat and must be accompanied by an adult. **5 a** blonzi, **b** mare, **c** interesante, **d** folositoare, **e** englezeşti, **f** veche, nouă, **g** înalţi **h** frumoasă **6 a** India, **b** înotul, **c** Mexico City, **d**

Canary Tower, e China **7 a** aţi avea, aş putea **b** aş avea, aş trece
c v-aţi duce, v-ar invita **d** s-ar muta, ar găsi **e** aş fi, aş sta **f** i-aş
telefona, aş afla **g** ar fi, am pleca **h** mi-aţi da, i-aş scrie.
8 a aţi fi vrut, aş fi putut/voiaţi, puteam, **b** aş fi avut, aş fi trecut/
aveam, treceam, **c** v-aţi fi dus, v-ar fi invitat/ vă duceaţi, vă
invitau, **d** s-ar fi mutat, ar fi găsit/ se mutau, găseau, **e** aş fi fost,
aş fi stat/ eram, stăteam, **f** i-aş fi telefonat, aş fi aflat/ îi
telefonam, aflam. **g** ar fi fost, am fi plecat/era, plecam **h** mi-aţi
fi dat, i-aş fi scris/îmi dădeaţi, îi scriam **9 a** s-au,
b m-am, **c** ne-am, **d** v-aţi, **e** te-ai, **f** v-aţi **10 a** ne întâlneam, **b**
vă salutaţi, **c** îşi imaginau, eraţi, **d** ne dădeam, aveau, **e** îţi
aminteai, **f** se vedeau, **g** se certau **11 a** mi, **b** i, **c** ni, **d** vi, **e** li, **f**
li, **g** ţi, **h** vi **12 a** Nu i-l da! **b** Nu i-o citi! **c** N-o luaţi! **d** Nu-i
credeţi! **e** Nu i le transmite! **f** Nu mi-o spune! **g** Nu i le duce! **h**
Nu mi-l trimiteţi! **13 a** anunţaţi,**b** obligaţi, **c** invitată, **d** treziţi,
e schimbate, **f** trimise, **g** pusă **h** transmise. **14 a** One hears that
public transport will go up. **b** It was believed that the
government would change. **c** It's clear that nothing has changed.
d It seems that there will be a change in her life. **e** It's rumoured
that it will be a splendid show. **f** It's said to be a beautiful
painting. **15 a** ale, **b** a, **c** -al, **d** -a, **e** ai, **f** ale, **g** al **h** ale. **16 a** a
cincea, **b** a treia, **c** cel de-al doilea, **d** primul, **e** prima, **f** a doua,
g al patrulea, **h** al optulea

verb tables

Note carefully:

1 The *Infinitives* are listed in alphabetical order, together with their central meanings.

2 The *Present Indicative* is given in full. Where a single form appears it is either the third person singular (e.g. **plouă**) or the sole form used for each person (e.g. **trebuie**). Where two forms appear, the first is the third person singular and the second is the third person plural.

3 The second person plural positive and negative forms of the *Imperative* (*Imp.*) are identical to the corresponding present indicative forms (e.g. **spuneți, nu spuneți**). The second person singular negative is identical in form to the infinitive (e.g. **nu spune**), with the same stress pattern but without the infinitive marker *a*. The second person singular positive is in most cases identical with either the second person or the third person singular form of the present indicative. In this list the usual (or more frequently occurring) form of the second person singular positive is given; remember that it is a singular and positive form only. Some verbs have no imperative form.

4 Except in the case of **a fi**, the forms of the finite verbs in a să- clause differ from the present indicative in only one respect: the third person singular and plural employ an identical form which is regularly different from the form(s) used for these persons in the present indicative. Thus the *Subjunctive* (*Subj.*) form given in this list is that used for the third person singular and plural.

5 *The Past Participle* (*Pp.*) is used in the formation of the Perfect, the Conditional Past, the Subjunctive Past, and the Passive Voice. Many past participles are also used as adjectives.

6 *Omissions.* You will notice that many verbs (of different roots) follow similar patterns in their conjugations. We have listed the forms in full, however, to facilitate learning. It is a simple matter to conjugate the few verbs we have left out, e.g. **a deveni** (conjugated in the same way as **a veni**), **a relua** (as **a lua**), **a închide** (as **a deschide**), **a apărea** (as **a părea**), and so on. Verbs are only given in their *Reflexive* form if this is the sole form introduced. Note that in many of the uses of the verbs an accusative or dative reflexive pronoun is required.

7 *Stress* is indicated by italics.

a **acoperi**: acopăr, acoperi, acoperă, acoperim, acoperiți, acoperă
to cover   *Imp.* acoperă   *Subj.* să acopere   *Pp.* acoperit

a **adăuga**: adaug, adaugi, adaugă, adăugăm, adăugați, adaugă
to add   *Imp.* adaugă   *Subj.* să adauge   *Pp.* adăugat

a **adresa**: adresez, adresezi, adresează, adresăm adresați, adresează
to address   *Imp.* adresează   *Subj.* să adreseze   *Pp.* adresat

a **aduce**: aduc, aduci, aduce, aducem, aduceți, aduc
to bring   *Imp.* adu (adă)   *Subj.* să aducă   *Pp.* adus

a **afla**: aflu, afli, află, aflăm aflați, află
to hear   *Imp.* află   *Subj.* să afle   *Pp.* aflat

a **ajunge**: ajung, ajungi, ajunge, ajungem, ajungeți, ajung
to arrive   *Imp.* ajungă   *Subj.* să ajungă   *Pp.* ajuns

a **ajuta**: ajut, ajuți, ajută, ajutăm, ajutați, ajută
to help   *Imp.* ajută   *Subj.* să ajute   *Pp.* ajutat

a **alege**: aleg, alegi, alege, alegem, alegeți, aleg
to choose   *Imp.* alege   *Subj.* să aleagă   *Pp.* ales

a **amenința**: amenint, ameninți, amenință, amenințăm, amenințați, amenință
to threaten   *Imp.* amenință   *Subj.* să amenințe   *Pp.* amenințat

a **aminti**: amintesc, amintești, amintește, amintim, amintiți, amintesc
to remind   *Imp.* amintește   *Subj.* să amintească   *Pp.* amintit

a **anunța**: anunț, anunți, anunță, anunțăm, anunțați, anunță
to announce   *Imp.* anunță   *Subj.* să anunțe   *Pp.* anunțat

a **aplica**: aplic, aplici, aplică, aplicăm, aplicați, aplică
to apply   *Imp.* aplică   *Subj.* să aplice   *Pp.* aplicat

a aprinde: aprind, aprinzi, aprinde, aprindem, aprindeți, aprind
to light   Imp. aprinde   Subj. să aprindă   Pp. aprins

a se apropia: mă apropii, te apropii, se apropie, ne apropiem, vă apropiați, se apropie
to approach   Imp. apropie-te   Subj. să se apropie   Pp. apropiat

a arăta: arăt, arăți, arată, arătăm, arătați, arată
to show   Imp. arată   Subj. să arate   Pp. arătat

a arunca: arunc, arunci, aruncă, aruncăm, aruncați, aruncă
to throw   Imp. aruncă   Subj. să arunce   Pp. aruncat

a asculta: ascult, asculți, ascultă, ascultăm, ascultați, ascultă
to listen   Imp. ascultă   Subj. să asculte   Pp. ascultat

a ascunde: ascund, ascunzi, ascunde, ascundem, ascundeți, ascund
to hide   Imp. ascunde   Subj. să ascundă   Pp. ascuns

a aștepta: aștept, aștepți, așteaptă, așteptăm, așteptați, așteaptă
to wait   Imp. așteaptă   Subj. să aștepte   Pp. așteptat

a atrage: atrag, atragi, atrage, atragem, atrageți, atrag
to attract   Imp. atrage   Subj. să atragă   Pp. atras

a auzi: aud, auzi, aude, auzim, auziți, aud
to hear   Imp. auzi   Subj. să audă   Pp. auzit

a avea: am, ai, are, avem, aveți, au
to have   Imp. ai   Subj. să aibă   Pp. avut

a bate: bat, bați, bate, batem, bateți, bat
to beat   Imp. bate   Subj. să bată   Pp. bătut

a bea: beau, bei, bea, bem, beți, beau
to drink   Imp. bea   Subj. să bea   Pp. băut

a se căsători: mă căsătoresc, te căsătorești, se căsătorește, ne căsătorim, vă căsătoriți, se căsătoresc
to marry   *Imp.* căsătorește-te   *Subj.* să se căsătorească   *Pp.* căsătorit

a câștiga: câștig, câștigi, câștigă, câștigăm, câștigați, câștigă
to win   *Imp.* câștigă   *Subj.* să câștige   *Pp.* câștigat

a căuta: caut, cauți, caută, căutăm, căutați, caută
to look for   *Imp.* caută   *Subj.* să caute   *Pp.* căutat

a cere: cer, ceri, cere, cerem, cereți, cer
to ask   *Imp.* cere   *Subj.* să ceară   *Pp.* cerut

a cheltui: cheltuiesc, cheltuiești, cheltuiește, cheltuim, cheltuiți, cheltuiesc
to spend   *Imp.* cheltuiește   *Subj.* să cheltuiască   *Pp.* cheltuit

a chema: chem, chemi, cheamă, chemăm, chemați, cheamă
to call   *Imp.* cheamă   *Subj.* să cheme   *Pp.* chemat

a circula: circul, circuli, circulă, circulăm, circulați, circulă
to circulate   *Imp.* circulă   *Subj.* să circule   *Pp.* circulat

a citi: citesc, citești, citește, citim, citiți, citesc
to read   *Imp.* citește   *Subj.* să citească   *Pp.* citit

a se coafa: mă coafez, te coafezi, se coafează, ne coafăm, vă coafați, se coafează
to do one's hair   *Imp.* coafează-te   *Subj.* să se coafeze   *Pp.* coafat

a coborî: cobor, cobori, coboară, coborâm, coborâți, coboară
to get off   *Imp.* coboară   *Subj.* să coboare   *Pp.* coborât

a constata: constat, constați, constată, constatăm, constatați, constată
to find out   *Imp.* constată   *Subj.* să constate   *Pp.* constatat

a construi: construiesc, construiești, construiește, construim, construiți, construiesc
to construct   *Imp.* construiește   *Subj.* să construiască   *Pp.* construit

a continua: continui, continui, continuă, continuăm, continuați, continuă
to continue   *Imp.* continuă   *Subj.* să continue   *Pp.* continuat

a costa: costă
to cost   *Subj.* să coste   *Pp.* costat

a crede: cred, crezi, crede, credem, credeți, cred
to believe   *Imp.* crede   *Subj.* să creadă   *Pp.* crezut

a se culca: mă culc, te culci, se culcă, ne culcăm, vă culcați, se culcă
to go to bed   *Imp.* culcă-te   *Subj.* să se culce   *Pp.* culcat

a cumpăra: cumpăr, cumperi, cumpără, cumpărăm, cumpărați, cumpără
to buy   *Imp.* cumpără   *Subj.* să cumpere   *Pp.* cumpărat

a cunoaște: cunosc, cunoști, cunoaște, cunoaștem, cunoașteți, cunosc
to know   *Imp.* cunoaște   *Subj.* să cunoască   *Pp.* cunoscut

a curge: curge, curg
to flow   *Subj.* să curgă   *Pp.* curs

a da: dau, dai, dă, dăm, dați, dau
to give   *Imp.* dă   *Subj.* să dea   *Pp.* dat

a depinde: depind, depinzi, depinde, depindem, depindeți, depind
to depend   *Imp.* depind   *Subj.* să depindă   *Pp.* depins

a deschide: deschid, deschizi, deschide, deschidem, deschideți, deschid
to open   *Imp.* deschide   *Subj.* să deschidă   *Pp.* deschis

a despărți: despart, desparți, desparte, despărțim, despărțiți, despart
to separate   *Imp.* desparte   *Subj.* să despartă   *Pp.* despărțit

a dori: doresc, dorești, dorește, dorim, doriți, doresc
to wish   *Imp.* dorește   *Subj.* să dorească   *Pp.* dorit

a dormi: dorm, dormi, doarme, dormim, dormiți, dorm
to sleep   *Imp.* dormi   *Subj.* să doarmă   *Pp.* dormit

a duce: duc, duci, duce, ducem, duceți, duc
to take   *Imp.* du   *Subj.* să ducă   *Pp.* dus

a durea: doare, dor
to hurt   *Subj.* să doară   *Pp.* durat

a exista: exist, exiști, există, existăm, existați, există
to exist   *Subj.* să existe   *Pp.* existat

a face: fac, faci, face, facem, faceți, fac
to do   *Imp.* fă   *Subj.* să facă   *Pp.* făcut

a fi: sunt, ești, este, suntem, sunteți, sunt
to be   *Imp.* fii   *Subj.* să fiu, să fii, să fie,   *Pp.* fost
                                                                             să fim, să fiți, să fie

a folosi: folosesc, folosești, folosește, folosim, folosiți, folosesc
to use   *Imp.* folosește   *Subj.* să folosească   *Pp.* folosit

a forma: formez, formezi, formează, formăm, formați, formează
to form   *Imp.* formează   *Subj.* să formeze   *Pp.* format

a fuma: fumez, fumezi, fumează, fumăm, fumați, fumează
to smoke   *Imp.* fumează   *Subj.* să fumeze   *Pp.* fumat

a fura: fur, furi, fură, furăm, furați, fură
to steal   *Imp.* fură   *Subj.* să fure   *Pp.* furat

a se gândi: mă gândesc, te gândești, se gândește, ne gândim, vă gândiți, se gândesc
to think   *Imp.* gândește-te   *Subj.* să se gândească   *Pp.* gândit

a găsi: găsesc, găsești, găsește, găsim, găsiți, găsesc
to find   *Imp.* găsește   *Subj.* să găsească   *Pp.* găsit

a ghici: ghicesc, ghicești, ghicește, ghicim, ghiciți, ghicesc
to guess
  Imp. ghici   Subj. să ghicească   Pp. ghicit

a se grăbi: mă grăbesc, te grăbești, se grăbește, ne grăbim, vă grăbiți, se grăbesc
to hurry
  Imp. grăbește-te   Subj. să se grăbească   Pp. grăbit

a hotărî: hotărăsc, hotărăști, hotărăște, hotărâm, hotărâți, hotărăsc
to decide
  Imp. hotărăște   Subj. să hotărască   Pp. hotărât

a ieși: ies, ieși, iese, ieșim, ieșiți, ies
to go out
  Imp. ieși   Subj. să iasă   Pp. ieșit

a impresiona: impresionez, impresionezi, impresionează, impresionăm, impresionați, impresionează
to impress
  Imp. impresionează   Subj. să impresioneze   Pp. impresionat

a intra: intru, intri, intră, intrăm, intrați, intră
to enter
  Imp. intră   Subj. să intre   Pp. intrat

a invita: invit, inviți, invită, invităm, invitați, invită
to invite
  Imp. invită   Subj. să invite   Pp. invitat

a iubi: iubesc, iubești, iubește, iubim, iubiți, iubesc
to love
  Imp. iubește   Subj. să iubească   Pp. iubit

a izvorî: izvorăște, izvorăsc
to rise
  Imp. izvorăște, izvorăsc   Subj. să izvorască   Pp. izvorât

a îmbogăți: îmbogățesc, îmbogățești, îmbogățește, îmbogățim, îmbogățiți, îmbogățesc
to enrich
  Imp. îmbogățește   Subj. să îmbogățească   Pp. îmbogățit

a se îmbolnăvi: mă îmbolnăvesc, te îmbolnăvești, se îmbolnăvește, ne îmbolnăvim, vă îmbolnăviți, se îmbolnăvesc
to get ill
  Imp. îmbolnăvește-te   Subj. să se îmbolnăvească   Pp. îmbolnăvit

a se îmbrăca: mă îmbrac, te îmbraci, se îmbracă, ne îmbrăcăm, vă îmbrăcați, se îmbracă
to dress
  Imp. îmbracă-te   Subj. să se îmbrace   Pp. îmbrăcat

a se îmbrățișa: ne îmbrățișăm, vă îmbrățișați, se îmbrățișează
to hug each other   *Subj.* să se îmbrățișeze   *Pp.* îmbrățișat

a înălța: înalț, înalți, înalță, înălțăm, înălțați, înalță
to raise   *Imp.* înalță   *Subj.* să înalțe   *Pp.* înălțat

a încălzi: încălzesc, încălzești, încălzește, încălzim, încălziți, încălzesc
to warm   *Imp.* încălzește   *Subj.* să încălzească   *Pp.* încălzit

a începe: încep, începi, începe, începem, începeți, încep
to begin   *Imp.* începe   *Subj.* să înceapă   *Pp.* început

a încerca: încerc, încerci, încearcă, încercăm, încercați, încearcă
to try   *Imp.* încearcă   *Subj.* să încerce   *Pp.* încercat

a încurca: încurc, încurci, încurcă, încurcăm, încurcați, încurcă
to mix up   *Imp.* încurcă   *Subj.* să încurce   *Pp.* încurcat

a îndrăzni: îndrăznesc, îndrăznești, îndrăznește, îndrăznim, îndrăzniți, îndrăznesc
to dare   *Imp.* îndrăznește   *Subj.* să îndrăznească   *Pp.* îndrăznit

a îngriji: îngrijesc, îngrijești, îngrijește, îngrijim, îngrijiți, îngrijesc
to look after   *Imp.* îngrijește   *Subj.* să îngrijească   *Pp.* îngrijit

a înota: înot, înoți, înoată, înotăm, înotați, înoată
to swim   *Imp.* înoată   *Subj.* să înoate   *Pp.* înotat

a însemna: însemn, însemni, înseamnă, însemnăm, însemnați, înseamnă
to mean   *Imp.* înseamnă   *Subj.* să însemne   *Pp.* însemnat

a înștiința: înștiințez, înștiințezi, înștiințează, înștiințăm, înștiințați, înștiințează
to inform   *Imp.* înștiințează   *Subj.* să înștiințeze   *Pp.* înștiințat

a se întâmpla: se întâmplă
to occur   *Subj.* să se întâmple   *Pp.* întâmplat

a se întâlni: mă întâlnesc, te întâlnești, se întâlnește, ne întâlnim, vă întâlniți, se întâlnesc
to meet   Imp. întâlnește-te   Subj. să se întâlnească   Pp. întâlnit

a întoarce: întorc, întorci, întoarce, întoarcem, întoarceți, întorc
to return   Imp. întoarce   Subj. să întoarcă   Pp. întors

a întreba: întreb, întrebi, întreabă, întrebăm, întrebați, întreabă
to ask   Imp. întreabă   Subj. să întrebe   Pp. întrebat

a înțelege: înțeleg, înțelegi, înțelege, înțelegem, înțelegeți, înțeleg
to understand   Imp. înțelege   Subj. să înțeleagă   Pp. înțeles

a învăța: învăț, înveți, învață, învățăm, învățați, învață
to learn   Imp. învață   Subj. să învețe   Pp. învățat

a învinge: înving, învingi, învinge, învingem, învingeți, înving
to defeat   Imp. învinge   Subj. să învingă   Pp. învins

a juca: joc, joci, joacă, jucăm, jucați, joacă
to play   Imp. joacă   Subj. să joace   Pp. jucat

a lăsa: las, lași, lasă, lăsăm, lăsați, lasă
to leave   Imp. lasă   Subj. să lase   Pp. lăsat

a lipsi: lipsesc, lipsești, lipsește, lipsim, lipsiți, lipsesc
to be missed   Imp. lipsește   Subj. să lipsească   Pp. lipsit

a locui: locuiesc, locuiești, locuiește, locuim, locuiți, locuiesc
to live   Imp. locuiește   Subj. să locuiască   Pp. locuit

a lua: iau, iei, ia, luăm, luați, iau
to take   Imp. ia   Subj. să ia   Pp. luat

a lucra: lucrez, lucrezi, lucrează, lucrăm, lucrați, lucrează
to work   Imp. lucrează   Subj. să lucreze   Pp. lucrat

a lupta: lupt, lupţi, luptă, luptăm, luptaţi, luptă
to fight
    Imp. luptă   *Subj.* să lupte   *Pp.* luptat

a menţiona: menţionez, menţionezi, menţionează, menţionăm, menţionaţi, menţionează
to mention
    Imp. menţionează   *Subj.* să menţioneze   *Pp.* menţionat

a merge: merg, mergi, merge, mergem, mergeţi, merg
to go
    Imp. mergi   *Subj.* să meargă   *Pp.* mers

a merita: merit, meriţi, merită, meritam, meritaţi, merită
to be worth
    Imp. merită   *Subj.* să merite   *Pp.* meritat

a mulţumi: mulţumesc, mulţumeşti, mulţumeşte, mulţumim, mulţumiţi, mulţumesc
to thank
    Imp. mulţumeşte   *Subj.* să mulţumească   *Pp.* mulţumit

a muri: mor, mori, moare, murim, muriţi, mor
to die
    Imp. mori   *Subj.* să moară   *Pp.* murit

a ninge: ninge
to snow
                     Subj. să ningă   *Pp.* nins

a nota: notez, notezi, notează, notăm, notaţi, notează
to note
    Imp. notează   *Subj.* să notezi   *Pp.* notat

a număra: număr, numeri, numără, numărăm, număraţi, numără
to count
    Imp. numără   *Subj.* să numere   *Pp.* numărat

a oferi: ofer, oferi, oferă, oferim, oferiţi, oferă
to offer
    Imp. oferă   *Subj.* să ofere   *Pp.* oferit

a omite: omit, omiţi, omite, omitem, omiteţi, omit
to omit
    Imp. omite   *Subj.* să omită   *Pp.* omis

a opri: opresc, opreşti, opreşte, oprim, opriţi, opresc
to stop
    Imp. opreşte   *Subj.* să oprească   *Pp.* oprit

a parca: parchez, parchezi, parchează, parcăm, parcați, parchează
Imp. parchează — *Subj.* să parcheze — *Pp.* parcat
to park

a părea: par, pari, pare, părem, păreți, par
Imp. pari — *Subj.* să pară — *Pp.* părut
to seem

a petrece: petrec, petreci, petrece, petrecem, petreceți, petrec
Imp. petrece — *Subj.* să petreacă — *Pp.* petrecut
to spend

a pierde: pierd, pierzi, pierde, pierdem, pierdeți, pierd
Imp. pierde — *Subj.* să piardă — *Pp.* pierdut
to lose

a plăcea: plac, placi, place, plăcem, plăceți, plac
Imp. pierde — *Subj.* să placă — *Pp.* plăcut
to like

a plăti: plătesc, plătești, plătește, plătim, plătiți, plătesc
Imp. plătește — *Subj.* să plătească — *Pp.* plătit
to pay

a pleca: plec, pleci, pleacă, plecăm, plecați, pleacă
Imp. pleacă — *Subj.* să plece — *Pp.* plecat
to leave

a se plimba: mă plimb, te plimbi, se plimbă, ne plimbăm, vă plimbați, se plimbă
Imp. plimbă-te — *Subj.* să se plimbe — *Pp.* plimbat
to walk

a ploua: plouă
Subj. să plouă — *Pp.* plouat
to rain

a porni: pornesc, pornești, pornește, pornim, porniți, pornesc
Imp. pornește — *Subj.* să pornească — *Pp.* pornit
to start

a povesti: povestesc, povestești, povestește, povestim, povestiți, povestesc
Imp. povestește — *Subj.* să povestească — *Pp.* povestit
to tell

a prefera: prefer, preferi, preferă, preferăm, preferați, preferă
Subj. să prefere — *Pp.* preferat
to prefer

a pregăti: pregătesc, pregătești, pregătește, pregătim, pregătiți, pregătesc
to prepare   *Imp.* pregătește   *Subj.* să pregătească   *Pp.* pregătit

a primi: primesc, primești, primește, primim, primiți, primesc
to receive   *Imp.* primește   *Subj.* să primească   *Pp.* primit

a privi: privesc, privești, privește, privim, priviți, privesc
to look   *Imp.* privește   *Subj.* să privească   *Pp.* privit

a promite: promit, promiți, promite, promitem, promiteți, promit
to promise   *Imp.* promite   *Subj.* să promită   *Pp.* promis

a pune: pun, pui, pune, punem, puneți, pun
to put   *Imp.* pune   *Subj.* să pună   *Pp.* pus

a putea: pot, poți, poate, putem, puteți, pot
can   *Subj.* să poată   *Pp.* putut

a se rade: mă rad, te razi, se rade, ne radem, vă radeți, se rad
to shave   *Imp.* rade-te   *Subj.* să se radă   *Pp.* ras

a răci: răcesc, răcești, răcește, răcim, răciți, răcesc
to catch cold   *Imp.* răcește   *Subj.* să răcească   *Pp.* răcit

a râde: râd, râzi, râde, râdem, râdeți, râd
to laugh   *Imp.* râzi   *Subj.* să râdă   *Pp.* râs

a rămâne: rămân, rămâi, rămâne, rămânem, rămâneți, rămân
to remain   *Imp.* rămâi   *Subj.* să rămână   *Pp.* rămas

a răsări: răsari, răsari, răsare, răsărim, răsăriți, răsar
to rise   *Imp.* răsari   *Subj.* să răsară   *Pp.* răsărit

a răsfoi: răsfoiesc, răsfoiești, răsfoiește, răsfoim, răsfoiți, răsfoiesc
to skim (through)   *Imp.* răsfoiește   *Subj.* să răsfoiască   *Pp.* răsfoit

a răspunde: răspund, răspunzi, răspunde, răspundem, răspundeţi, răspund
to answer   *Imp.* răspunde   *Subj.* să răspundă   *Pp.* răspuns

a repara: repar, repari, repară, reparăm, reparaţi, repară
to repair   *Imp.* repară   *Subj.* să repare   *Pp.* reparat

a reuşi: reuşesc, reuşeşti, reuşeşte, reuşim, reuşiţi, reuşesc
to succeed   *Imp.* reuşeşte   *Subj.* să reuşească   *Pp.* reuşit

a rezerva: rezerv, rezervi, rezervă, rezervăm, rezervaţi, rezervă
to reserve   *Imp.* rezervă   *Subj.* să rezerve   *Pp.* rezervat

a ruga: rog, rogi, roagă, rugăm, rugaţi, roagă
to ask   *Imp.* roagă   *Subj.* să roage   *Pp.* rugat

a sări: sar, sari, sare, sărim, săriţi, sar
to jump   *Imp.* sari   *Subj.* să sară   *Pp.* sărit

a săruta: sărut, săruţi, sărută, sărutăm, sărutaţi, sărută
to kiss   *Imp.* sărută   *Subj.* să sărute   *Pp.* sărutat

a se sătura: mă satur, te saturi, se satură, ne săturăm, vă săturaţi, se satură
to have enough   *Imp.* satură-te   *Subj.* să se sature   *Pp.* săturat

a schimba: schimb, schimbi, schimbă, schimbăm, schimbaţi, schimbă
to change   *Imp.* schimbă   *Subj.* să schimbe   *Pp.* schimbat

a scrie: scriu, scrii, scrie, scriem, scrieţi, scriu
to write   *Imp.* scrie   *Subj.* să scrie   *Pp.* scris

a se scula: mă scol, te scoli, se scoală, ne sculăm, vă sculaţi, se scoală
to get up   *Imp.* scoală-te   *Subj.* să se scoale   *Pp.* sculat

a servi: servesc, serveşti, serveşte, servim, serviţi, servesc
to serve   *Imp.* serveşte   *Subj.* să servească   *Pp.* servit

a sfârși: sfârșesc, sfârșești, sfârșește, sfârșim, sfârșiți, sfârșesc
to end   *Imp.* sfârșește   *Subj.* să sfârșească   *Pp.* sfârșit

a se simți: mă simt, te simți, se simte, ne simțim, vă simțiți, se simt
to feel   *Imp.* simte-te   *Subj.* să se simtă   *Pp.* simțit

a sosi: sosesc, sosești, sosește, sosim, sosiți, sosesc
to arrive   *Subj.* să sosească   *Pp.* sosit

a spăla: spăl, speli, spală, spălăm, spălați, spală
to wash   *Imp.* spală   *Subj.* să spele   *Pp.* spălat

a spera: sper, speri, speră, sperăm, sperați, speră
to hope   *Imp.* speră   *Subj.* să spere   *Pp.* sperat

a speria: sperii, sperii, sperie, speriem, speriați, sperie
to frighten   *Imp.* sperie   *Subj.* să sperie   *Pp.* speriat

a spune: spun, spui, spune, spunem, spuneți, spun
to say   *Imp.* spune   *Subj.* să spună   *Pp.* spus

a sta: stau, stai, stă, stăm, stați, stau
to stand   *Imp.* stai   *Subj.* să stea   *Pp.* stat

a stinge: sting, stingi, stinge, stingem, stingeți, sting
to put out   *Imp.* stinge   *Subj.* să stingă   *Pp.* stins

a strica: stric, strici, strică, stricăm, stricați, strică
to break   *Imp.* strică   *Subj.* să strice   *Pp.* stricat

a suna: sun, suni, sună, sunăm, sunați, sună
to ring   *Imp.* sună   *Subj.* să sune   *Pp.* sunat

a ști: știu, știi, știe, știm, știți, știu
to know   *Subj.* să știe   *Pp.* știut

a tăia: tai, tai, taie, tăiem, tăiați, taie
to cut   *Imp.* taie   *Subj.* să taie   *Pp.* tăiat

a telefona: telefonez, telefonezi, telefonează, telefonăm, telefonați, telefonează
to telephone   *Imp.* telefonează   *Subj.* să telefoneze   *Pp.* telefonat

a termina: termin, termini, termină, terminăm, terminați, termină
to end   *Imp.* termină   *Subj.* să termine   *Pp.* terminat

a trăi: trăiesc, trăiești, trăiește, trăim, trăiți, trăiesc
to live   *Imp.* trăiește   *Subj.* să trăiască   *Pp.* trăit

a trebui: trebuie
must   *Subj.* să trebuiască   *Pp.* trebuit

a trece: trec, treci, trece, trecem, treceți, trec
to pass   *Imp.* treci   *Subj.* să treacă   *Pp.* trecut

a trezi: trezesc, trezești, trezește, trezim, treziți, trezesc
to wake   *Imp.* trezește   *Subj.* să trezească   *Pp.* trezit

a trimite: trimit, trimiți, trimite, trimitem, trimiteți, trimit
to send   *Imp.* trimite   *Subj.* să trimită   *Pp.* trimis

a se tunde: mă tund, te tunzi, se tunde, ne tundem, vă tundeți, se tund
to have a haircut   *Imp.* tunde-te   *Subj.* să se tundă   *Pp.* tuns

a ține: țin, ții, ține, ținem, țineți, țin
to hold   *Imp.* ține   *Subj.* să țină   *Pp.* ținut

a uita: uit, uiți, uită, uităm, uitați, uită
to forget   *Imp.* uită   *Subj.* să uite   *Pp.* uitat

a se urca: mă urc, te urci, se urcă, ne urcăm, vă urcați, se urcă
to climb up   *Imp.* urcă-te   *Subj.* să se urce   *Pp.* urcat

a usca: usuc, usuci, usucă, uscăm, uscați, usucă
to dry   *Imp.* usucă   *Subj.* să usuce   *Pp.* uscat

a se vărsa: se varsă
to flow   *Subj.* să se verse   *Pp.* vărsat

a vedea: văd, vezi, vede, vedem, vedeți, văd
to see   *Imp.* vezi   *Subj.* să vadă   *Pp.* văzut

a veni: vin, vii, vine, venim, veniți, vin
to come   *Imp.* vino   *Subj.* să vină   *Pp.* venit

a vizita: vizitez, vizitezi, vizitează, vizităm, vizitați, vizitează
to visit   *Imp.* vizitează   *Subj.* să viziteze   *Pp.* vizitat

a vopsi: vopsesc, vopsești, vopsește, vopsim, vopsiți, vopsesc
to paint   *Imp.* vopsește   *Subj.* să vopsească   *Pp.* vopsit

a vorbi: vorbesc, vorbești, vorbește, vorbim, vorbiți, vorbesc
to speak   *Imp.* vorbește   *Subj.* să vorbească   *Pp.* vorbit

a vota: votez, votezi, votează, votăm, votați, votează
to vote   *Imp.* votează   *Subj.* să voteze   *Pp.* votat

a vrea: vreau, vrei, vrea, vrem, vreți, vor
to want   *Subj.* să vrea /vreal   *Pp.* vrut

a zice: zic, zici, zice, zicem, ziceți, zic
to say   *Imp.* zi   *Subj.* să zică   *Pp.* zis

adjective Adjectives are used to qualify or describe nouns, e.g. a *red* cross, o cruce *roşie*, the *red* cross, crucea *roşie*.

adverb Adverbs qualify verbs, e.g. he writes *well*, el scrie *bine*. They can also provide more information about adjectives, e.g. she is *absolutely* exhausted, ea este *absolut* istovită.

article There are two types of article, *indefinite* and *definite*. In English, the indefinite article is *a, an*, the definite is *the*. In Romanian the indefinite article is **un/o** and precedes the noun, while the definite article **ul/a/i/le** is appended to it.

case In Romanian, nouns and pronouns change their form according to their function in a sentence. That form is called case. Those used as the subject of a sentence are said to be in the subject or nominative case, e.g. **eu, el;** those used as direct objects are in the direct or accusative case, e.g. **mă, îl,** those used to indicate possession are said to be in the genitive case, e.g. **lui;** and those used as indirect objects are in the dative case, e.g. **îmi.**

comparative When we compare things we use the comparative form of the adjective or adverb. In English this requires us to use *more* before the adjective or adverb or to add *-er* to it, e.g. this car is *more* expensive, această maşină este *mai* scumpă, they learn *more* quickly, ei învaţă *mai* repede.

demonstrative Words like this această, *that* acea, *these* acestea, *those* acelea are known as demonstratives.

gender Nouns are classified according to gender in Romanian. In English, gender is usually linked to male and female persons or animals, so we refer to a man as *he* and a woman as *she*. Nouns of neither sex are called neuter. The vast majority of nouns in English are neuter; we call a thing *it*, not *he* or *she*. In Romanian, three genders are used: masculine, feminine and neuter. In most cases a noun denoting a male being is masculine, one denoting a female is feminine, while a thing can be either masculine, feminine or neuter, e.g. **un munte** *a mountain* is masculine, **o masă** *a table* is feminine, and **un gând** *a thought* is neuter.

imperative The imperative is the form of the verb used to give commands or instructions, e.g. **nu călcați pe iarbă** *do not tread on the grass*, **așteptați o secundă** *wait a second*.

infinitive The infinitive is the basic form of the verb. This is the form used in the dictionary. In Romanian, infinitives end in **-a**, **-ea**, **-e**, **i** and **î**.

irregular verb Romanian, like many other languages, has verbs which deviate from the usual pattern and are therefore known as irregular verbs.

noun Nouns are words that indicate people, things or notions, e.g. *station* **gară**, *milk* **lapte**, *idea* **idee**.

number This term is used to indicate whether something is singular or plural. See **singular**.

object The object is at the 'receiving end' of a verb. For example, the nail is at the receiving end of the hitting, and is the object of the sentence 'the hammer hits the nail' **ciocanul lovește cuiul**. 'I gave the student some books', the phrase *some books* is the direct object and *the student* is the indirect object because he/she was the recipient of the books.

personal pronoun Personal pronouns refer to persons, e.g. *I* **eu**, *you* **tu**, **voi**, *he* **el**, *she* **ea** etc.

plural See **singular**.

possessive Words like *my* **meu**, *your* **tău**, **vostru**, *our* **nostru**, **noastră** are known as possessives or possessive adjectives.

preposition Words like *in* **în**, *for* **pentru**, *between* **între** are known as prepositions. They are usually followed by a noun or a pronoun, e.g. the school is *between* the bank and the church **școala este** *între* **bancă și biserică**.

pronoun Pronouns take the place of nouns (see above), e.g. My *sister* (noun) is married. *She* (pronoun) has two children. *Sora* **mea este măritată.** *Ea* **are doi copii.**

reflexive pronoun Words meaning *self* are reflexive pronouns, e.g. *myself* **mă,** *yourself* **te,** *himself, herself* **se,** *ourselves* **ne.**

reflexive verb This has a subject and an object which are the same and use the reflexive pronoun *self,* e.g. *I prepared myself* for the examination. **M-*am pregătit* pentru examen.** *They enjoyed themselves* very much. **S-*au distrat* foarte mult.**

singular The terms singular and plural are used to distinguish between 'one' and 'more than one', e.g. *street/streets* **stradă/străzi,** *gift/gifts* **cadou/cadouri.**

subject The subject is the word or phrase that governs the action of a verb. Thus, in the sentence 'I gave the student some books', *I* did the giving is therefore the subject of the verb *to give.*

subjunctive mood This is rarely found in contemporary English, but there are echoes of it in such expressions as 'If I *were* you'. In Romania the subjunctive it is found after **să** although its forms are only distinctive in the third person singular and plural (he/she/it/they), e.g. **eu vreau să** *plec I want to leave,* **ei vor să** *plece they want to leave.*

superlative The superlative expresses the greatest degree of comparison, e.g. This is the *cheapest* price. **Acesta este prețul** *cel mai ieftin.* She was the *most friendly.* **Ea era** *cea mai prietenoasă.*

tense The time when an action takes place is indicated by the tense of a verb. The most commonly used tenses are *present, past* and *future* e.g. They *left.* **Ei** *au plecat* (past). We *are* in the garden. **Noi** *suntem* **în grădină** (present). John *will go* to the station. **Ion** *va merge* **la gară** (future).

verb Verbs indicate actions, e.g. *to run* **a alerga,** feelings, e.g. *to hear* **a auzi,** or states, e.g. *to be* **a fi.**

This list is largely composed of words introduced in the units; some new items have been added. The genders of nouns are given; the plurals are only indicated in cases where they do not conform to the rules explained in the units; only the masculine forms of adjectives are given. Verbs are presented in their infinitive forms, with the present tense ending in *-ez*, *-esc* where relevant. Those that may be used both reflexively and non-reflexively are given with *se*.

abonament, -e (n) *subscription*
ac, -e (n) *needle*
acelaşi *the same*
acolo *over there*
act, -e (n) *document*
acţionar (m) *shareholder*
acţiune (f) *share*
acum *now*
a acuza *to accuse*
acuzat *accused*
adevăr, -uri (n) *truth*
adresă (f) *address*
aer (n) *air*
aeroport, -uri (n) *airport*
afacere (f) *business*
a afla *to find out*
agenţie (f) *agency*
aici *here*
a ajunge *to reach*
a ajuta *to help*
a alege *to choose*
alimentară (f) *food shop*

amabil *nice*
ambasadă (f) *embassy*
american (m) *American*
a-şi aminti (esc) *to recall*
amândoi (m) *both*
an (m) *year*
antinevralgic, -e (n) *paracetamol tablet*
anumit *certain*
anunţ, -uri (n) *advertisement*
aparat de fotografiat (n) *camera*
aparat de ras (n) *razor*
apă potabilă (f) *drinking water*
apartament, -e (n) *flat*
apoi *then*
aproape *almost*
a se apropia *to draw near*
apropiat *nearby*
a arăta *to show*
a arde *to burn*
a arunca *to throw*
aseară *last night*

asigurare (f)   *insurance*
aspirină (f)   *aspirin*
aşa   *thus*
a aştepta   *to wait for*
atunci   *then*
autobuz, -e (n)   *bus*
a auzi   *to hear*
a avea   *to have*
avere (f)   *wealth*
avion   *airplane*
azi   *today*

bacşiş, -uri (n)   *tip*
bagaj, -e (n)   *baggage*
baie, băi (f)   *bath*
balcon, -oane (n)   *balcony*
banc, -uri (n)   *joke*
bancă, bănci (f)   *bank*
bani (m. pl.)   *money*
bar, -uri (n)   *bar*
a bate   *to beat*
băiat, băieţi (m)   *boy, son*
a bănui, (esc)   *to suspect*
bărbat (m)   *man*
bătrân   *old*
băutură (f)   *drink*
benzină (f)   *petrol*
bere (f)   *beer*
bilet, -e   *ticket*
bineînţeles   *naturally*
birou (n)   *office*
biserică (f)   *church*
blond   *fair*
boală, boli (f)   *illness*
bogat   *rich*
bolnav   *sick*
borcan, -e (n)   *jar*
briceag, -uri (n)   *penknife*
brânză, brânzeturi (n)   *cheese*
a se bronza (ez)   *to get a tan*

ca   *than*
cafea (f)   *coffee*
cafenea (f)   *coffee house*

cald   *warm*
cale ferată   *railway*
calitate (f)   *quality*
cam   *rather*
cameră (f)   *room*
cap, capete (n)   *head*
captivant   *exciting*
care   *which, who*
carne (f)   *meat*
carnet, -e (n)   *notebook*
carte, cărţi (f)   *book*
cartier, -e (n)   *district*
casă (f)   *house*
cascador (m)   *stuntman*
călător (m)   *traveller*
a călători (esc)   *to travel*
călătorie (f)   *journey*
cămaşă, cămăşi (f)   *shirt*
cărunt   *grey*
a se căsători (esc)   *to get married*
căsătorit   *married*
a căsca   *to yawn*
a căuta   *to look for*
ceai, -uri (n)   *tea*
ceas, -uri (n)   *watch*
cec, -uri (n)   *cheque*
celebru   *famous*
centru, -e (n)   *centre*
a cere   *to ask for*
cert   *certain*
a certa   *to tell someone off*
a se certa   *to argue*
ceva   *something*
cheie, chei (f)   *key*
chelner (m)   *waiter*
a chema   *to call*
chiar   *even*
chioşc, -uri (n)   *kiosk*
cine   *who?*
cinema(tograf) (n)   *cinema*
cineva   *someone*
a citi (esc)   *to read*
câine (m)   *dog*
când   *when?*

cârciumă, -i (f) *pub*
cârnat (m) *sausages*
cât *how much?, how many?*
closet *toilet*
club, -uri (n) *club*
coadă, cozi (f) *queue, tail*
coleg *colleague*
colţ, -uri (n) *corner*
a comanda *to order*
comision, -oane (n) *errand*
comod *comfortable*
a completa (ez) *to complete*
concediu (n) *leave*
a se concentra (ez) *to concentrate*
confortabil *comfortable*
conservă, -e (f) *tin*
a considera *to consider*
cont, -uri (n) *account*
a conţine *to contain*
convenabil *convenient*
a conveni *to suit*
copil (m) *child*
cort, -uri (n) *tent*
a costa *to cost*
Crăciun *Christmas*
a crea (ez) *to create*
a crede *to believe*
credit, -e (n) *credit*
cu *with*
cum *how?*
a cumpăra *to buy*
cumva *somehow*
a cunoaşte *to know*
curat *clean*
curând *soon*
curs, -uri (n) *course*
cuţit, -e (n) *knife*

da *yes*
dacă *if*
dar *but*
dată, -e (f) *date*
de *of, from*

deasupra *above*
de ce *why?*
deci *therefore*
decât *than*
a declara *to declare*
degeaba *in vain*
deja *already*
depinde *it depends*
a depune *to deposit*
a deranja (ez) *to disturb*
des *frequently*
deschis *open*
a descoperi *to discover*
a desena (ez) *to draw*
deseori *often*
despre *concerning*
devreme *early*
a se dezbrăca *to undress*
a dezvolta *to develop*
dialog, -uri (n) *dialogue*
dimineaţă, -eţi (f) *morning*
din nou *again*
direct *direct*
disc, -uri (n) *record*
discret *discreet*
discurs, -uri (n) *speech*
discuţie (f) *discussion*
divers *diverse*
doamna *Mrs*
doar *only*
doamnă, -e (f) *lady*
doctor (m) *doctor*
doctorie (f) *medicine*
domnitor (m) *ruler*
domnul *Mr*
a dori (esc) *to wish*
drăguţ *nice*
dreapta *right*
drog, -uri (n) *drug*
a duce *to carry*
dulce *sweet*
a dura (ez) *to last*
durere *pain*
duş *shower*

ea *she*
efort, -uri (n) *effort*
el *he*
elegant *elegant*
elev (m) *pupil*
ei *they*
a elibera (ez) *to free, to issue*
emisiune, -i (f) *broadcast*
englez *English(man), British*
episcop (m) *bishop*
eprubetă -e (f) *test-tube*
erou (m) *hero*
est (n) *east*
etaj, -e (n) *storey*
etichetă, -e (f) *label*
eu *I*
evreu (m) *Jew*
exact *exactly*
examen, -e (n) *examination*
a expedia (ez) *to send*
expoziție (f) *exhibition*

a face *to do*
facultate (f) *college*
familie (f) *family*
fapt, -e (n) *fact*
far, -uri (n) *lighthouse*
farfurie (f) *plate*
farmacie (f) *chemist's*
fată, fete (f) *girl, daughter*
față, fețe (f) *face*
făină (f) *flour*
fără *without*
a felicita *to congratulate*
femeie, femei (f) *woman*
femeie de serviciu *maid*
fereastră, -estre (f) *window*
fericit *happy*
fiică (f) *daughter*
film, -e (n) *film*
film în culori *colour film*
fiu (m) *son*
foame (f) *hunger*
foarfecă (f) *scissors*

foarte *very*
foc, -uri (n) *fire*
a folosi (esc) *to use*
formular, -e (n) *form*
fost *former*
fotoliu (n) *armchair*
frate (m) *brother*
frică (f) *fear*
frig (n) *cold*
frânghie (f) *rope*
frontieră (f) *frontier*
fruct, -e (n) *fruit*
frumos *beautiful*
a fugi *to flee*
fum (n) *smoke*
a fuma (ez) *to smoke*
a fura *to steal*
furculiță (f) *fork*

gară, gări (f) *station*
garaj, -e (n) *garage*
gard, -uri (n) *fence*
gata *ready*
gaz (n) *gas*
gazdă (f) *host*
a găsi (esc) *to find*
geantă, genți (f) *bag*
gem, -uri (n) *jam*
general *general*
genunchi (m) *knee*
ger (n) *frost*
gheață, -uri (f) *ice, icefloes*
a ghici (esc) *to guess*
ghid, -uri (n) *guidebook*
a gâdila *to tickle*
gând, -uri (n) *thought*
gât (n) *throat, neck*
glas, -uri (n) *voice*
glumă (f) *joke*
gogoașă, gogoși (f) *doughnut*
gol *empty, naked*
grai, -uri (n) *speech, dialect*
a se grăbi (esc) *to hurry*
grădină, -i (f) *garden*

grănicer (m)   *border guard*
greșeală (f)   *error*
greșit   *wrong*
greu   *difficult*
grijă (f)   *care, concern*
gripă (f)   *flu*
gros   *thick*
groaznic   *terrible*
grozav   *terrific*
gură (f)   *mouth*
guturai (n)   *cold in the head*
guvern, -e (n)   *government*

haină (f)   *jacket, coat*
halat, -e (n)   *dressing gown*
hamal (m)   *porter*
hartă, hărți (f)   *map*
hârtie (f)   *paper*
a hoinări (esc)   *to wander*
horă (f)   *round dance*
hotel, -uri (n)   *hotel*
hoț (m)   *thief*
a hrăni (esc)   *to feed*

iad (n)   *hell*
iar   *and, while*
iată   *here is!*
iaurt, -uri (n)   *yogurt*
ideal, -uri (n)   *ideal*
ieftin   *cheap*
a ierta   *to forgive*
a ieși   *to exit*
a-și imagina (ez)   *to imagine*
imperiu (n)   *empire*
impertinent   *impertinent*
important   *important*
impozit, -e (n)   *tax*
incomod   *inconvenience*
indiscret   *indiscreet*
indispus   *upset, off-colour*
inel, -e (n)   *ring*
informații (f. pl)   *information*
inginerie (f)   *engineering*
inimă (f)   *heart*

injecție (f)   *injection*
instalator (m)   *plumber*
insulă, -e (f)   *island*
inteligent   *intelligent*
interes, -e (n)   *interest*
a interzice   *to forbid*
a intra   *to enter*
a introduce   *to introduce*
a inunda   *to flood*
invadator (m)   *invader*
a invita   *to invite*
a iubi (esc)   *to love*
a izbucni (esc)   *to break out*
izvor, -oare (n)   *spring, source*
a îmbătrâni (esc)   *to grow old*
a se îmbrăca   *to get dressed*
a împăca   *to reconcile*
împărat (m)   *emperor*
a împiedica   *to hinder*
a împlini (esc)   *to accomplish*
împreună   *together*
în   *in*
în jur   *around*
înainte de   *before*
a încasa (ez)   *to cash*
a încerca   *to try*
încet   *slowly, softly (of sound)*
a închiria (ez)   *to hire*
închis   *closed*
închisoare, -ori (f)   *prison*
a încurca   *to confuse*
îndeosebi   *especially*
a înghiți   *to swallow*
îngrijorat   *worried*
îngust   *narrow*
a înlocui (esc)   *to replace*
a înmulți (esc)   *to multiply*
a înota   *to swim*
a însemna   *to mean*
a însoți (esc)   *to accompany*
a se întinde   *to extend*
a întâlni (esc)   *to meet*
a se întâmpla   *to happen*
a întârzia   *to be late*

a se întoarce *to return*
întotdeauna *always*
într-adevăr *indeed*
între *between*
a întreba *to ask*
a înţelege *to understand*
învăţător (m) *primary school
teacher*

a jigni (esc) *to hurt, to offend*
joc, -uri (n) *game*
jos *down*
pe jos *on foot*
jumătate, -ăţi (f) *half*

kilogram, -e (n) *kilogram*
kilometru (m) *kilometre*

lacrimă, -i (f) *tear*
lamă (f) *blade*
lângă *beside, near*
lanţ, -uri (n) *chain*
larg *wide*
a lăsa *to leave*
a lăuda *to praise*
a lega *to tie*
lege (f) *law*
legume (f. pl) *vegetables*
leu (m) *lion, penny*
leucoplast (n) *surgical plaster*
liber *free*
librărie (f) *bookshop*
liceu (n) *secondary school*
licitaţie (f) *auction*
lift, -uri (n) *lift*
limbă, -i (f) *language, tongue*
limonadă (f) *lemonade*
lingură, -i (f) *spoon*
linguriţă (f) *teaspoon*
liră (f) *pound*
litru (m) *litre*
loc, -uri (n) *place*
locuitor (m) *inhabitant*
a lua *to take*

a lucra (ez) *to work*
lucru, -uri (n) *thing*
lume (f) *world, people*
lumină, -i (f) *light*
lung *long*
a se lupta *to fight*

magazin, -e *shop*
mai (mult) *more*
mal, -uri (n) *bank, shore*
mare *big, large*
mare, mări (f) *sea*
Marea Britanie *Great Britian*
marfă, mărfuri (f) *goods*
margine (f) *edge*
masă, mese (f) *table*
maşină, -i (f) *car, engine*
măr, mere (n) *apple*
măslină (f) *olive*
măsură, -i (f) *size*
mătuşă (f) *aunt*
meci, -uri (n) *match*
medic (m) *doctor*
mereu *continually*
a merge *to go*
a merita *to deserve*
mesaj, -e (n) *message*
metrou (n) *underground, metro*
metru (m) *metre*
mic *small*
miere (f) *honey*
mijloc (n) *middle*
milion, -oane (n) *million*
minciună, -i (f) *lie*
minte (f) *mind*
minut, -e (n) *minute*
a se mira *to be surprised*
mâine *tomorrow*
a mânca *to eat*
mâncare, -ăruri (f) *food*
moarte (f) *death*
mult *much*
a mulţumi (esc) *to thank*
a munci (esc) *to work*

munte (m) *mountain*
murdar *dirty*
a se muta *to move*
muzeu (n) *museum*

naiv *naive*
nas, -uri (n) *nose*
a se naşte *to be born*
naţiune (f) *nation*
neam, -uri (n) *people, race*
neamţ, nemţi (m) *German*
neapărat *without fail*
nebun *mad*
necaz *trouble*
a necăji (esc) *to upset*
nedreptate, -ăţi (f) *injustice*
negru *black*
nenorocire (f) *misfortune*
nepoată (f) *niece, granddaughter*
nepot (m) *nephew, grandson*
nerăbdare (f) *impatience*
nevastă, neveste (f) *wife*
nevoie (f) *need*
nici *nor*
niciodată *never*
nimic *nothing*
nivel, -e (n) *level*
noapte, nopţi (f) *night*
nord *north*
a nota (ez) *to note*
nou *new*
nu *no*
numai *only*
număr, ere (n) *number*
număr de telefon *telephone number*
nume (n) *name*

oaie, oi (f) *sheep*
oarecum *to a certain extent*
oaspete (m) *guest*
obişnuit *usual*
a obliga *to compel*
a observa *to observe*

ochi, ochi (m) *eye*
a se ocupa *to deal with*
ocupat *busy*
odaie, odăi (f) *room*
a se odihni (esc) *to rest*
odată *once*
a oferi *to offer*
oficiu poştal (n) *post office*
oglindă, oglinzi (f) *mirror*
om, oameni (m) *person*
a omorî *to kill*
a opri (esc) *to stop*
orar, -e (n) *timetable*
oraş, -e (n) *town*
oră (f) *hour*
orb *blind*
ordine (f) *order*
a ordona *to give an order to*
orez (n) *rice*
orfelinat, -e (n) *orphanage*
oricine *anyone*
oricând *anytime*
os, oase (n) *bone*
oţet (n) *vinegar*
ou, ouă (n) *egg*

pachet, -e (n) *packet*
pahar, -e (n) *glass*
pantof (m) *shoe*
papă, -i (m) *Pope*
parc, -uri (n) *park*
parcă *probably*
pardon *excuse me*
a paria (ez) *to bet*
pariu, -uri (n) *bet*
partener (m) *partner*
parter, -e (n) *ground floor*
paşaport, -oarte (n) *passport*
Paşte (m) *Easter*
pat, -uri (n) *bed*
păcat *(it's a) pity*
păi *Well!*
pământ, -uri (n) *land*
păr (m) *hair*

a părea *to seem*
părinte (m) *parent*
a păzi (esc) *to guard*
pe *on*
penicilină (f) *penicillin*
pensie (f) *pension*
pentru *for*
pericol, -e (n) *danger*
perioadă (f) *period*
permis, -e (n) *permit*
permis de conducere *driving
  licence*
peste *over, beyond*
pește (m) *fish*
a petrece *to spend time*
petrecere (f) *party*
piață, piețe (f) *market, square*
a picta (ez) *to paint*
piept, -uri (n) *breast, chest*
a pierde *to lose*
piesă (f) *play, piece*
piscină (f) *swimming pool*
pistruiat *freckled*
pâine (f) *bread*
până *until, up to*
plajă (f) *beach*
plată, plăți (f) *payment*
a plăcea *to please*
plămân (m) *lung*
a pleca *to leave*
a plictisi (esc) *to bore*
plimbare (f) *trip, walk*
plin *full*
a se plânge *to complain*
poate *perhaps*
politicos *polite*
popor, -oare (n) *people*
portar (m) *doorman*
poștă (f) *post, mail*
poveste (f) *story*
prăjitură, -i (f) *tea cake*
prea *too*
a presupune *to suppose*
prieten (m) *friend*

prin *through*
a privi (esc) *to look at*
prânz (n) *lunch*
probabil *probably*
probă (f) *test*
profesie (f) *profession*
profesor (m) *professor*
program, -e (n) *programme*
a provoca *to provoke*
pungă, -i (f) *plastic bag*
a purta *to carry*
pușți (m) *young lad*
a putea *to be able*
puțin *(a) little*

radio, -uri (n) *radio*
răbdare (f) *patience*
răceală (f) *cold*
răcoare (f) *coolness*
a rămâne *to remain*
răsărit (n) *East*
răsfățat *spoiled*
rău *bad*
război, -oaie (n) *war*
recepționist (m) *receptionist*
a reclama *to complain against*
rege (m) *king*
relație (f) *relation*
a repara *to repair*
repede *quickly*
a repira *to breathe*
rest, -uri (n) *change (money)*
restaurant, -e (n) *restaurant*
a retrage *to withdraw*
rețetă (f) *recipe*
a rezerva *to reserve*
rezervor, -oare (n) *reservoir*
a rezolva *to solve*
a ridica *to raise*
rinichi (m) *kidney*
râs, -ete (n) *laughter*
râu, -uri (n) *river*
robinet, -e (n) *tap*
rochie (f) *dress*

román *Romanian man*
românesc *Romanian*
rost, -uri (n) *meaning, purpose*
roşie (f) *tomato*
roşu *red*
rudă (f) *relation*
rugăciune (f) *prayer*
rugină (f) *rust*
rus (m) *Russian man*
ruşine (f) *shame*

sacrificiu (n) *sacrifice*
sare, săruri (f) *salt*
sat, -e (n) *village*
sau *or*
sănătate (f) *health*
sănătos *healthy*
săptămână, -i (f) *week*
săpun, -uri (n) *soap*
sărac *poor*
scamator (m) *conjurer*
a schimba *to change*
a scoate *to pull out*
a scrie *to write*
scrisoare, -ori (f) *letter*
scrumieră, -e (f) *ashtray*
scump *expensive, dear*
a se scuza *to excuse oneself*
seară, seri (f) *evening*
sec *dry*
secol, -e (n) *century*
secret, -e (n) *secret*
semafor, -oare (n) *traffic light*
seringă, -i (f) *syringe*
a servi (esc) *to serve*
serviciu (n) *job*
sesiune (f) *session*
sete (f) *thirst*
sfat (n) *advice*
a sfătui (esc) *to advise*
sfert, -uri (n) *quarter*
sfânt *holy*
sfârşit, -uri (n) *end*
sifon (n) *soda water, soda
  syphon*

sigur *certain*
simpatic *nice*
simplu *simple*
singur *alone*
sirop *cordial (drink)*
sistem, -e (n) *system*
slab *weak*
slăbiciune (f) *weakness*
soare (m) *sun*
somn (n) *sleep*
soră, surori (f) *sister*
sosire (f) *arrival*
soţ (m) *husband*
soţie (f) *wife*
spate (n) *back*
a spăla *to wash*
spectacol, -e (n) *show*
a spera *to hope*
a se speria *to be frightened*
spital, -e (n) *hospital*
spre *towards*
a spune *to say*
a sta *to stand, to sit*
stagiune (f) *theatre season*
Statele Unite (n) *United States*
staţie de benzină (f) *petrol
  station*
stânga *left*
stradă, străzi (f) *street*
străinătate (f) *abroad*
a se strica *to be damaged*
stricat *damaged*
a striga *to shout*
student (m) *student*
studentă (f) *girl student*
sub *under*
subţire *thin*
suc, -uri (n) *(fruit) juice*
suficient *sufficient*
suflet, -e (n) *soul*
a suna *to ring*
surpriză (f) *surprise*
sus *above*
şampon (n) *shampoo*
şanţ, -uri (n) *ditch*

şarpe (m) *snake*
şaten *brown*
şcoală, şcoli (f) *school*
şerveţel, -e (n) *napkin*
şezlong, -uri (n) *deckchair*
şi *and*
şosea, ele (f) *highway*
ştecăr, -e (n) *(electric) plug*
a şti *to know*
ştiinţă (f) *knowledge*
ştire (f) *item of news*
şuncă, -i (f) *ham*

tablou, -uri (n) *painting*
tacâm, -uri (n) *place setting (at table)*
tare *strong*
tată, taţi (m) *father*
taxi, -uri (n) *taxi*
teamă (f) *fear*
teatru, -e (n) *theatre*
teleferic, -e (n) *cable railway*
telefon, -oane (n) *telephone*
a telefona (ez) *to telephone*
telegramă (f) *telegramme*
televizor, -oare (n) *television*
tensiune (f) *tension, blood pressure*
teren, -uri (n) *land*
a termina *to finish*
tichet, -e (n) *ticket*
timbru, -e (n) *stamp*
timp, -uri (n) *time*
tip (m) *guy*
tirbuşon, -oane (n) *corkscrew*
tânăr *young*
târziu *late*
a toci (esc) *to grind, to work hard*
tocmai *exactly*
tot(ul) *all*
a transmite *to transmit*
tratament, -e (n) *treatment*
a trăi (esc) *to live*

treabă, -uri (f) *business, task*
treaptă, trepte (f) *step*
a trebui *to be necessary*
trecător (m) *passerby*
a trece *to pass*
trecut (n) *past*
tren, -uri (n) *train*
a trezi (esc) *to wake up*
a trimite *to send*
tuns (n) *haircut*
turc (m) *Turk*
tuse (f) *cough*
a tuşi (esc) *to cough*
tutungerie (f) *tobacconist's*
ţară, ţări (f) *country*
ţeapă, ţepi (f) *stake*
ţel, -uri (n) *aim, intention*
ţigară *cigarette*

a uita *to forget*
a se uita la *to look at*
uite! *look!*
ulei, -uri (n) *oil*
umbrelă (f) *umbrella*
a umple *to fill*
unchi (m) *uncle*
un, o *a*
unde? *where?*
ungur (m) *Hungarian*
unire (f) *union*
a urca *to climb*
a urma (ez) *to follow*
urmaş (m) *follower*
următor *following*
uscat *dry*
uşă, -i (f) *door*
uşor *easy*

vacanţă (f) *holiday*
vaccin, -e (n) *vaccination*
vagon de dormit (n) *sleeping car*
valabil *valid*
valiză (f) *suitcase*
valută (f) *hard currency*

vamă (f)   *customs*
vameş (m)   *customs officer*
văr, veri (m)   *cousin*
vechi   *old*
vecin (m)   *neighbour*
a vedea   *to see*
verde   *green*
a verifica   *to check*
verişoară (f)   *female cousin*
viaţă, vieţi (f)   *life*
viitor (n)   *future*
vin, -uri (n)   *wine*
vis, -e/-uri (n)   *dream*
a visa (ez)   *to dream*
vitamină (f)   *vitamin*
viză (f)   *visa*
vânt, -uri (n)   *wind*

voce (f)   *voice*
voiaj   *journey*
a vorbi (esc)   *to speak*
a vrea   *to want*
vreme (f)   *time, weather*
vreun, vreo   *a, any*

WC (n)   *toilet*

zău   *really!*
zi, zile (f)   *day*
ziar, -e (n)   *newspaper*
ziarist (m)   *journalist*
a zidi (esc)   *to build*
a zâmbi (esc)   *to smile*
zvon, -uri (n)   *rumour*
a zvoni (esc)   *to rumour*

Note that the meanings of Romanian items under the same entry are not distinguished. Priority has been given to those words used in the dialogues, but additional words in frequent use have been added to increase your scope for conversation.

The word lists in each unit specify the nature of each noun, i.e. whether it is masculine, feminine or neuter. In this list you should remember the following points:

1 Unless otherwise stated, all nouns ending in *-ă*, *-a* and *-ie* are feminine;
2 All other nouns are neuter, unless otherwise indicated;
3 Some feminine plural endings are given in round brackets, i.e. **barcă (bărci)**.

a, an un, o, vreun, vreo
to be able a putea
about despre, cam
above deasupra
abroad în străinătate
to accept a primi
accident accident
accustomed (to) obișnuit (cu, să)
ache durere
across peste
actually de fapt
address adresă
advice sfat
airplane avion
after după (ce)
after that după aceea

afternoon după-amiază
again din nou
ago acum
agreed s-a făcut, de acord
air aer
airport aeroport
all tot(ul), toți
all right bine
almost aproape
alone singur
already deja
also și, mai, de asemenea
although deși
American american (m)
and și
and so on și așa mai departe
annoyed supărat

to *answer*   a răspunde
anyhow   în orice caz
apartment   apartament
apartment block   bloc
to *apologize*   a-şi cere scuze
appetite   poftă
apple   măr (m)
arm   braţ
to *arrive*   a sosi
as   ca, deoarece
ashtray   scrumieră
to *ask*   a cere
to *ask a question*   a pune o
  întrebare
aspirin   aspirină
assistance   ajutor
at   la
at home   acasă
at last   în sfârşit
Australian   australian (m)

baby   copil (m)
back   spate
bad   rău, prost
bag   geantă
ball   minge
bandage   pansament
bank   bancă (bănci)
banknote   bancnotă
bar   bar
barber   frizer (m)
bathing costume   costum de baie
bathroom   baie
battle   luptă
to *be*   a fi
beach   plajă (plaje)
to *beat*   a bate
beautiful   frumos
because   fiindcă
to *become*   a deveni
bed   pat
to *go to bed*   a se culca
bedroom   dormitor
beef   carne de vacă

beer   bere
before   înainte (de)
to *begin*   a începe
to *believe*   a crede
below   jos
bench   banca (bănci)
better   mai bun, mai bine
between   între
big   mare
bill   notă de plată
bird   pasăre (păsări) (f)
black   negru
blade   lamă
blouse   bluză
to *blow*   a bate, a sufla
blue   albastru
boat   vas, barcă (bărci)
book   carte
to *book*   a reţine
bookshop   librărie
both   amândoi
bottle   sticlă
box   ladă (lăzi)
boy   băiat (băieţi) (m)
bread   pâine
to *break*   a strica
breast   sân (m)
bridge   pod
to *bring*   a aduce
British   englez, britanic
brother   frate (m)
brush   perie
building   clădire
bus   autobuz
bus-stop   staţie de autobuz
busy   ocupat
but   dar
butter   unt
to *buy*   a cumpăra

cafe   cofetărie
cake   prăjitură, tort
to *call*   a chema
to *call on*   a vizita

can   a putea
camera   apartat de fotografiat
can (tin)   conservă
car   maşină
care   grijă
to take care of   a îngriji
careful   atent
to carry   a duce
case   caz
to cash   a încasa
cash-desk   casă
cat   pisică
cause   cauză
centre   centru
century   secol
certain   sigur
chair   scaun
chance   şansă
by chance   din întâmplare
to change   a schimba
cheap   ieftin
cheers!   noroc!
chemist's   farmacie
child   copil (m)
chips   cartofi prăjiţi
chocolate   ciocolată
to choose   a alege
Christmas   Crăciun
church   biserică
cigarette   ţigară
cinema   cinema (n)
circle   cerc
city   oraş
class   clasă
client   client (m)
to climb   a urca
clean   curat
clinic   policlinică
clock   ceas
to close   a închide
close to   lângă
clothes   haine
coast   coastă
coat   pardesiu, palton

coffee   cafea
cold   frig, rece
to catch a cold   a răci
colour   culoare
colour film   film în culori
to come   a veni
concerning   apropo de
conversation   conversaţie
to cook   a găti
copy   exemplar
corner   colţ
around the corner   după colţ
to cost   a costa
cotton-wool   bumbac
country   ţară
course   curs
covered   acoperit
cow   vacă
crowd   mulţime
cup   ceaşcă (ceşti)
custom   obicei
customs   vamă
to cut   a tăia

daily   zilnic
danger   pericol
date   dată
daughter   fată, fiică
day   zi
dear   drag, scump
to decide   a hotărî
deep   adânc
to defeat   a învinge
dentist   dentist (m)
department store   magazin universal
departure   plecare (plecări)
to deserve   a merita
desk   birou
dictionary   dicţionar
to die   a muri
different   deosebit
difficult   greu
dining-room   sufragerie

direct direct
dirty murdar
distance distanţă
district regiune
to do a face
doctor doctor (m)
dog câine
dollar dolar (m)
door uşă
to draw a desena
dress rochie
drink băutură
to drink a bea
drinking water apă potabilă
to drive a conduce
driving licence permis de conducere
dry uscat
to dye a vopsi

each fiecare
ear ureche
early devreme
to earn a câştiga
earth pământ
easily uşor
east răsărit, est
Easter Paşte (m)
easy uşor
to eat a mânca
egg ou
embassy ambasadă
empty gol
encouragement încurajare
end sfârşit
in the end în cele din urmă
English englez
English language limba engleză
to enjoy oneself a petrece bine
enormous enorm
enough destul (de)
to enter a intra
envelope plic
error greşeală

especially mai ales
even chiar
evening seară
every fiecare
exactly exact
for example de exemplu
except for în afară de
excuse scuză
expensive scump
expression expresie
eye ochi (m)

face faţă
fact fapt
in fact de fapt
to fall a cădea
family familie
famous celebru
far departe
as far as până la
fast repede
fat gras
father tată (m)
fax telefax
to feel a se simţi
to feel like a avea chef să
few puţini
film film
to find a găsi
to finish a termina
fire foc
first mai întâi
the first primul
fish peşte
flat apartament
floor etaj
flower floare
to follow a urma, a urmări
food mâncare
food shop alimentară
fool(ish) prost
foot picior (picioare)
football fotbal
for pentru

foreigner străin	*great* mare
to forget a uita	*green* verde
free liber	*grey* gri
French francez	*grilled* la grătar
fresh proaspăt	*grocer's* alimentară
friend prieten (m)	*ground* pământ
to frighten a speria	*to guess* a ghici
front față	*guest* oaspete (m)
in front în față	*guide, guide-book* ghid
frost ger	
full plin	*habit* obicei
in the future pe viitor	*hair* păr
	haircut tuns
game joc	*to have a haircut* a se tunde
garden grădină	*hairdresser's (ladies)* salon de
gate poartă	coafură
general general	*hairdresser's (men's)* frizer
German neamț (m)	*half* jumătate
to get a lua	*hall(way)* hol
to get in a se urca în	*hand* mână (mâini)
to get off a coborî	*handbag* poșetă
to get up a se scula	*to happen* a se întâmpla
gift cadou	*happy* fericit
girl fată	*happy birthday, New Year* la
to give a da	mulți ani!
glad bucuros	*hard* greu
glass (drinking) pahar	*hardly* abia
glasses ochelari	*hat* pălărie
to go a merge, a se duce	*to have* a avea
to go in a intra	*head* cap
to go out a ieși	*headache* durere de cap
God Dumnezeu	*health* sănătate
gold aur	*to hear* a auzi
good bun, bine	*to hear about* a afla
good at bun, tare la	*heart* inimă
good evening bună seara	*by heart* pe dinafară
good morning bună dimineața	*heat* căldură
good night noapte bună	*heaven* cer
goodbye la revedere	*heavy* greu
goodwill bunăvoință	*help* ajutor
granddaughter nepoată	*here* aici
grandparent bunic (m)	*here is* iată
grandson nepot (m)	*to hide* a ascunde
grass iarbă	*high* înalt

high up sus
hill deal
to hire a închiria
history istorie
to hold a ţine
holiday vacanţă
home acasă
to hope a spera
horse cal (m)
hospital spital
hot cald
hotel hotel
hour oră
house casă
how cum
hundred sută
to hurry a se grăbi
husband soţ (m)

I eu
ice gheaţă
ice-cream îngheţată
idea idee
if dacă
ill bolnav
immediately imediat
impatience nerăbdare
important important
impression impresie
in în
in order to ca să
incidentally apropo
indeed chiar
information informaţie
inside înăuntru
instead of în loc de
insurance asigurare
invitation invitaţie
to invite a invita
iron fier
item articol

jam gem
jar borcan

to join a adera la, a uni
joke glumă, banc
journal revistă
journey călătorie
jug cană
juice suc
to jump a sări
just chiar, tocmai

to keep a ţine
key cheie, (chei)
kidney rinichi (m)
kilogram kilogram
kilometre kilometru
kind bun, amabil
king rege (m)
to kiss a săruta
kit echipament
kitchen bucătărie
knife cuţit
to knock a bate
to know a şti
to get to know a se învăţa cu
to know (person) a cunoaşte
knowledge ştiinţă

ladies femei, doamne
lake lac
lamp lampă
land ţară
language limbă
large mare
late târziu
to laugh a râde
lavatory closet, WC
law lege
to learn a învăţa
at least cel puţin
leave concediu
to leave a pleca
to leave behind a uita
left stâng
leg picior
lemon lămâie

lemonade limonadă		*to get married* a se căsători	
less mai puţin		*match* chibrit	
to let a lăsa		*matter* chestiune	
letter scrisoare		*it doesn't matter* nu face nimic	
library bibliotecă		*what's the matter?* ce este?	
life viaţă		*maybe* poate	
lift lift		*meal* masă	
light lumină		*to mean* a însemna	
to light a aprinde		*meanwhile* între timp	
lighter brichetă		*meat* carne (cărnuri)	
light bulb bec		*medicine* doctorie	
light weight uşor		*to meet* a se întâlni	
to like a plăcea		*to mend* a repara	
like this în felul acesta		*menu* listă de bucate	
lion leu (m)		*method* metodă	
list listă		*middle* mijloc	
to listen to a asculta		*milk* lapte (m)	
little amount puţin		*mineral water* apă minerală	
little size mic		*minute* minut	
litre litru (m)		*to miss the train* a pierde trenul	
to live a locui, a trăi		*mistake* greşeală	
London Londra		*to mix up* a se încurca	
long lung		*modern* modern	
to look (at) a se uita (la)		*moment* moment	
to look for a căuta		*money* bani	
to lose a pierde		*month* lună	
love dragoste		*moon* lună	
to love a iubi		*more* mai mult	
luck noroc		*morning* dimineaţă	
luggage bagaj		*mother* mamă	
lunch prânz		*mountain* munte (m)	
		mouth gură	
machine maşină		*Mr* domnul	
to be made a se face		*Mrs* doamna	
made of făcut din		*much* mult	
magazine revistă		*museum* muzeu	
maid femeie de serviciu		*music* muzică	
mail poşta		*must* a trebui să	
to make a face		*mustard* muştar	
man bărbat (m)			
many mulţi		*name* nume (n)	
map hartă (hărţi)		*namely* anume	
mark notă		*nasty* neplăcut	
market piaţă		*national* naţional	

near to lângă
nearby aproape
nearly aproape
neck gât
need nevoie
to need a avea nevoie de
needle ac
neighbour vecin (m)
nephew nepot
never niciodată
new nou
newspaper ziar
next viitor
nice drăguţ
niece nepoată
night noapte
last night aseară
night club bar de noapte
nil zero
no nu
no one nimeni
north nord
nose nas
not nu
note notă, bancnotă
note-book carnet
nothing nimic
to notify a anunţa
novel roman
now acum
number număr

to obey a asculta
object obiect
occasion ocazie
occupied ocupat
to occur a se întâmpla
odd curios
of de
of course bineînţeles
office birou
often adesea
oh vai
oil ulei

old (people) bătrân
old (objects) vechi
old man bătrân
old woman bătrână
olive măslină
olive oil ulei de măsline
on pe
once odată
one unul, una
only numai
to open a deschide
open deschis
or sau
to order a comanda
ordinary obişnuit
other alt
outside afară
out of order stricat
over there acolo
to owe a datora
to own a poseda

to pack a face bagajele
packet pachet
pain durere
to paint a vopsi
painting tablou
paper hârtie
pardon? poftim?
park parc
to park a parca
parking-place loc de parcare
part parte (părţi)
to pass a trece
passport paşaport
past trecut
payment plată (plăţi)
peak vârf
pen stilou
pencil creion
penknife briceag
people oameni
pepper piper
perfect perfect

perhaps poate	*quarter* sfert
periodical revistă	*question* întrebare
permission voie	*queue* coadă
person persoană	*quick* repede
petrol benzină	*quiet* liniştit
petrol station staţie de benzină	*quite* destul de
photograph fotografie	
piece bucată	*radio* radio
pig porc (m)	*railway* cale ferată
pill pilulă	*rain* ploaie (ploi)
it's a pity păcat	*to rain* a ploua
place loc	*raincoat* haină de ploaie
plain simplu	*rarely* rar
plan plan	*rather* mai bine
plane avion	*razor* aparat de ras
platform peron	*to reach* a ajunge la
(adhesive) plaster leucoplast	*to read* a citi
play piesă	*ready* gata
to play a se juca	*to receive* a primi
pleasure plăcere	*recently* de curând
plug (electric) ştecăr	*record* disc
plum prună	*red* roşu
pocket buzunar	*to reduce* a reduce
police poliţie	*regarding* privitor la
poor sărac	*region* regiune
port port	*to rent* a închiria
porter hamal (m)	*to repair* a repara
possible posibil	*to reply* a răspunde
to post a expedia prin poştă	*to request* a cere
post office oficiu poştal	*to reserve* a rezerva
postage stamp timbru	*restaurant* restaurant
pound liră sterlină	*rest* pauză
powder pudră	*result* rezultat
to prefer a prefera	*to remain* a reţine
present cadou	*to return* a se întoarce
price preţ	*rice* orez
priest preot (m)	*rich* bogat
programme program	*right* dreapta
to promise a promite	*to be right* a avea dreptate
to pull a trage	*ring* inel
to push a împinge	*to ring* a suna
to put a pune	*river* râu
	road drum
quantity cantitate	*roll* chiflă

Romanian	român, românesc	*to sleep*	a dormi
room	cameră	*sleeper*	vagon de dormit
rope	frânghie	*slow*	încet
		small	mic
sad	trist	*to smoke*	a fuma
salad	salată	*snow*	zăpadă
salt	sare	*soap*	săpun
the same as	la fel ca	*so many*	atâția
sand	nisip	*soda water*	sifon
sandwich	sandviș	*somehow*	oarecum
sausage	cârnat (m)	*sometimes*	uneori
to say	a spune	*son*	băiat, fiu
scenery	peisaj	*song*	cântec
school	școală	*sorry*	pardon
scissors	foarfecă	*sort*	fel
sea	mare	*soup*	supă
seat	loc	*south*	sud
to see	a vedea	*to speak*	a vorbi
to seek	a căuta	*sport*	sport
seldom	rar	*spring*	primăvară
self-service	autoservire	*square (shape)*	pătrat
to send	a trimite	*stamp*	timbru
serious	serios	*to stand*	a sta
shampoo	șampon	*station*	gară
to shave	a se rade	*to steal*	a fura
she	ea	*steel*	oțel
shirt	cămașă (cămăși)	*still*	încă
shoe	pantof	*to stop*	a opri
shop	magazin	*storm*	furtună
short	scurt	*story*	povestire (f)
show	spectacol	*straight*	drept
shower	duș	*straight on*	drept înainte
sick	bolnav	*strange*	ciudat
sign	semn	*street*	stradă (străzi)
silver	argint	*strong*	tare
simple	simplu	*student*	student
sin	păcat	*stupid*	prost
to sing	a cânta	*to succeed in*	a reuși să
sister	sora	*sugar*	zahăr
to sit	a sta	*suit*	costum
size	măsură	*suitcase*	geamantan
skiing	schi	*summer*	vară
skirt	fustă	*sun*	soare (m)
sky	cer	*sunburn*	arsura de soare

switch întrerupător
to *switch off* a stinge
to *switch on* a aprinde
system sistem

table masă
to *take* a lua
talk conversaţie
tall înalt
tap robinet
taxi taxi
tea ceai
teach a învăţa
telegram telegramă
telephone telefon
telephone number număr de telefon
television televizor
telex telex
than ca
to *thank* a mulţumi
thanks mulţumesc
theatre teatru
then atunci
therefore deci
thin subţire
thing lucru
to *think* a crede
thought gând
thousand mie
throat gât
to *throw* a arunca
ticket bilet
time timp
timetable orar
tip bacşiş
tired obosit
to la
tobacconist's tutungerie
today azi
toilet WC
tomorrow mâine
tongue limbă
too prea

tooth dinte (m)
toothbrush perie de dinţi (f)
tourist turist
towards spre
towel prosop
town oraş
train tren
translate a traduce
tree pom (m)
trousers pantaloni
true adevărat

ugly urât
umbrella umbrelă
under sub
to *understand* a înţelege
unfortunately din păcate
United States Statele Unite
until până când
up sus
upset necăjit, supărat
urgent urgent
to *use* a folosi
useful folositor
usual obişnuit

vacant liber
vaccination vaccin
valid valabil
vegetables legume
very foarte
village sat
visa viză
visit vizită

to *wait* a aştepta
waiter chelner (m)
to *walk* a merge pe jos
wall perete
to *want* a vrea
warm cald
watch ceas
water apă
way drum, fel

weather vreme
week săptămână
well bine
when? când?
where? unde?
who? cine?
why? de ce?
wind vânt
wine vin
with cu
to write a scrie
wrong greşit

yard curte
year an
yellow galben
yes da
yesterday ieri
yet încă
young tânăr

zip fermoar

grammar index

This index covers grammatical points raised in the units and is not intended to be exhaustive. The introduction to each unit (repeated in the Contents list) also acts as a grammatical guide.

- Are you looking for an accessible guide to Latin grammar?
- Do you want a book you can use as a reference or as a course?
- Would you like exercises to reinforce your learning?

Latin Grammar explains the most important structures in a clear and jargon-free way, with plenty of examples to show how they work in context. Use the book as a comprehensive reference to dip in and out of or work through it to build your knowledge.